*publication P*N°1
Bibliothek der Provinz

Paul Angerer MOZART AUF REISEN
Die Reisebriefe Leopold Mozarts
Paris – London, 9. Juni 1763 – 29. November 1766
herausgegeben von Richard Pils

ISBN 3 85252 632 9

© Verlag *publication PN°*1 Bibliothek der Provinz
A-3970 WEITRA 02856/3794

printed in Austria by Plöchl A-4240 Freistadt
gedruckt mit Strom aus Windkraft

Umschlagabbildung vorne:
Der Hanover Square von Nordwesten gesehen. Kolorierter Stich nach E. Dayes, 1787
Umschlagabbildung hinten:
Ausschnitt aus dem Gemälde »Teegesellschaft beim Prinzen Conti«, 1766,
von Michel Barthélémy Ollivier

Paul Angerer
Mozart auf Reisen

Die Reisebriefe Leopold Mozarts
Paris – London
9. Juni 1763 – 29. November 1766

»Beim Reisen muß man die Hände
beständig im Geldbeutl haben!«

INHALT

Vorwort 9

Reiseroute 12

Von Salzburg nach Paris 15

Paris 65

London 103

Von London nach Salzburg 159

Vorwort

Nach dem großen Erfolg in Wien (18. September 1762 bis 5. Januar 1763) plante Leopold Mozart eine umfangreiche Reise nach Paris und London, um die zwei Kinder – Nannerl und Wolfgang – als Pianisten auch in den anderen Metropolen der Musik vorzustellen.

Nach der Rückkunft aus Wien war Wolfgang an akutem Gelenkrheumatismus erkrankt und Leopold zeigte sich über die Ernennung des Vize-Kapellmeisters Giuseppe Lolli zum Nachfolger Johann Ernst Eberlins in der Funktion des Kapellmeisters enttäuscht. Aber dennoch wurden die Reiserouten festgelegt, die Kontakte geknüpft und Quartiere bestellt.

» Wer diese Reise nicht gemacht hat, der kann es sich nicht vorstellen, was alles dazu erforderlich ist. Man muß die Hände beständig im Geldbeutel, und seine 5 Sünnen immer wohl beysammen, und ohnaufhörlich einen Plan auf viele Monate hinein vor Augen haben, einen Plan aber, den man nach Veränderung der Umstände, auch gleich verändern kann. « (Brief aus Paris vom 22. Februar 1764)

Und Reaktionen, Veränderungen und Umplanungen waren nötig ...

Am 9. Juni 1763 reisten Leopold, seine Frau Marie Anna und die Kinder Wolfgang (7 Jahre) und Nannerl (12 Jahre) in Begleitung ihres Dieners Sebastian Winter im eigenen Reisewagen, den Leopold in Preßburg gekauft hatte, von Salzburg ab. Aber schon vor Wasserburg hält sie ein Radbruch auf.

In München konzertieren die Kinder erfolgreich bei Hofe, in Augsburg kauft Leopold beim Klavierbauer Stein ein Reiseklavier, die ersten »Creditbriefe« werden behoben. Über Ulm, Ludwigsburg und Schwetzingen erreichen sie Ende Juli Mannheim: Die Sehenswürdigkeiten werden besichtigt und mit Musikern Bekanntschaften erneuert und geschlossen.

Immer deutlicher stellt sich heraus, daß Leopold das Reisen auch dazu benutzt, sich zu bilden und seinen Horizont zu erweitern.

Worms, Mainz, Frankfurt – hier besucht der junge Goethe ein Konzert; Koblenz, Köln – jedoch der Dom fand keinen Gefallen bei Leopold!

In Aachen traf die Familie Mozart Prinzessin Amalie, die Schwester des Königs Friedrich II. *»Wenn die Küsse, so sie meinen Kindern, sonderheitlich dem Meister Wolfgang gegeben, lauter neue Louisd'or wären, so wären wir glücklich genug.«*

Nach einem »großen Konzert« in Brüssel geht die Reise weiter: Sie kommen am 18. November um 15.30 Uhr in Paris an. Versailles wird besucht, König Ludwig XV. empfängt die Familie und die Kinder geben zwei Konzerte in Paris. Wolfgang komponiert vier Sonaten für Klavier und Violine, die auch in Druck erscheinen.

Das nächste Ziel ist London: Ein Teil des Gepäcks bleibt in Paris – eine Verpflichtung, auf der Rückreise wiederzukommen. Der Reisewagen wird in Calais eingestellt, am 22. April 1764 erfolgt die Überfahrt nach Dover.

»Wir sind, gott Lob, glücklich über den Maxglaner=Bach gekommen ...«

Ein großes Kapitel in Leopolds Briefen betrifft nun ausführliche Berichte über London, Schilderungen der diversen Krankheiten und ihrer Behandlungen, die Weber-Unruhen, wieviel und was im Land gekauft, d.h. gegessen und getrunken wird. Die Kinder geben Konzerte, Wolfgang schreibt seine musikalischen Einfälle und Arbeiten in ein »Skizzenbuch« – ohne die übliche Hilfe des Vaters ...

Die etwas improvisierte Rückreise führt über Lille, Gent, Antwerpen nach Den Haag. Dort wird die Familie durch die lebensgefährliche Krankheit der Nannerl erschüttert. Dann folgen Amsterdam, Brüssel und wieder Paris. Leopold verschickt eine Kiste mit den angesammelten Geschenken und unnötigen Kleidern nach Salzburg.

Weiter geht es über Genève, Bern, Zürich, Donaueschingen nach München: Wolfgang erkrankt zum fünften Mal auf dieser Reise. Und endlich erreichen sie über Altötting und Laufen ihre Heimatstadt Salzburg: nach 3 Jahren, 5 Monaten und 20 Tagen. Die Reise kostete 20 000 fl.

In 38 seitenlangen Briefen und Notizen – manchmal hat er aus Einsparungsgründen auch den Umschlag vollgeschrieben – schilderte Leopold mit großem Scharfsinn, Interesse und Einfühlungsvermögen alles, was er gesehen und erlebt hat, und hinterließ damit eine Kulturgeschichte dieser Epoche, die nun in diesem Buch zusammengefaßt wiedergegeben ist: anhand der Originaltexte in ihrer oft seltsamen, ungeregelten Orthographie, d.h. einer »gesprochenen Schreibweise«.

Kommentare und Bilder illustrieren, erläutern und ergänzen.
So entsteht ein Lesebuch im guten, alten Sinn:
Wissen durch Unterhaltung zu erwerben.

Paul Angerer

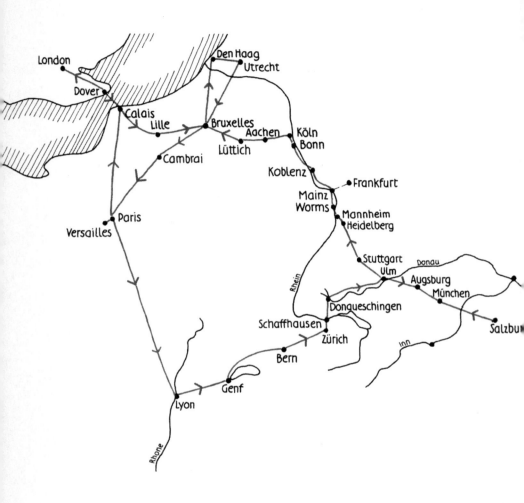

DER VERLAUF DER GROSSEN REISE 1763 BIS 1766

Salzburg: Abreise 9. Juni

Wasserburg: 9. bis 11. Juni

München: 12. bis 20. Juni

Augsburg – Ulm – Ludwigsburg – Schwetzingen – Mannheim – Worms – Mainz – Frankfurt: 12. bis etwa 30. August

Koblenz – Brühl –Köln – Aachen – Lüttich – Tirlemont – Löwen: 27. September bis 4. Oktober

Brüssel: 5. Oktober bis 15. November

Mons – Bonavis – Gournay: 16. und 17. November

Paris: 18. November 1763 bis 10. April 1764

Calais – Dover – London: 19. bis 23. April 1764

London: 24. April bis 24. Juli 1765

Canterbury – Dover – Calais: 24. Juli bis 1. August 1765

Dünkirchen – Bergues – Lille – Gent – Antwerpen – Moerdijk – Rotterdam: 3. August bis 9. September 1765

Den Haag/Amsterdam/Den Haag: 11. September 1765 bis Ende März 1766

Haarlem – Amsterdam – Utrecht – Rotterdam – Moerdijk – Antwerpen – Mecheln: Anfang April bis 8. Mai 1766

Brüssel – Valenciennes – Cambrai – Paris: 8. bis 10. Mai 1766

Paris – Versailles: 10. Mai bis 9. Juli 1766

Dijon – Lyon – Genf – Lausanne – Bern: 9. Juli bis etwa 26. September 1766

Zürich: etwa 28. September bis 13. Oktober 1766

Zürich – Winterthur – Schaffhausen – Donaueschingen – Meßkirch – Ulm – Günzburg – Dillingen – Augsburg: 13. Oktober bis 8. November 1766

München: 8. bis etwa 27. November 1766

Altötting – Laufen – Salzburg: 27. bis 29. November 1766

Leopold Mozart
Porträt aus seiner »Violinschule«

Von Salzburg nach Paris
9. Juni 1763 – 18. November 1763

Wasserburg dem 11 Juni 1763

Monsieur mon trés cher ami!

Das heist auf der Schneckenpost gereiset! – – aber nicht aus unserer Schuld. 2 Stunden ausser Wasserburg brach uns ein hinteres Rad in Stücken. Da sassen wir. zum glücke war es heiter und schön, und noch zum grössern glücke war in der Nähe eine Mühle. man kam uns mit einem Rad, das zu klein und doch im Hauffen zu lange ware, zu hilfe. wir musten frohe seyn, daß wir dieses hatten, und gleichwohl ein klein bäumchen abhauen, um es vor das Rad zu binden, daß es nicht ablauffen konnte; das zerbrochene Rad schlugen wir gar in Stücken, um das Eysenwerk mit zu nehmen. den Reiffen musten wir unter den wagen-kasten binden um ihn fortzubringen. Dieß sind nur die Hauptumstände, die uns über ein Stund auf der freyen Strasse aufhielten. den übrigen Weeg machte ich und der Sebastian im Nahmengottes per pedes apostolorum fort um mit unseren schweren Cörpern dem blessierten wagen kein neues Ungemach zuzuziehen. da wir also um 10 uhr in Wasserburg hätten eintreffen können, mussten wir zufrieden seyn um 1 Viertel nach 12 uhr alda anzulangen. Nun ward der Wagner und schmied geruft um ein neues Rad zu verfertigen. Es war nothwendig auch dem andern Rad die Puls zu fühlen. Und die Vota unanimia des Consilii gieng dahin; daß auch dieß Rad in der grösten Gefahr wäre, durch einen gähen Schlag gerühret plätzlich dahin zu fallen. Ich muste es umso eher glauben, als die H: Wagen Doctors, ja so gar der H: Doctor Niderl selbst, solches mir einen tag vor der Abreise prophezeyten.

»Hauffen«: der Teil unmittelbar hinter der Nabe
»Sebastian«: Sebastian Winter (1743–1815) war gerade 20 Jahre alt, als er mit der Familie Mozart als Diener und Friseur mitreiste.

Er blieb in Paris und wurde im März 1764 als Kammerdiener an den Fürstlich Fürstenbergischen Hof in Donaueschingen, seinem Geburtsort, engagiert. Später vermittelte Winter den Erwerb von Kompositionen Wolfgangs an den Donaueschinger Hof.

»*per pedes apostolorum*«: zu Fuß – wie die Apostel
»*Vota unanimia des Consilii*«: die einmütige Stimme der Versammlung

Der Wagner

Es hieß der Wagen würde bis heut frühe, folglich in Tag und Nacht restituirt seyn. – – aber ja! Einen blauen Teufl! – – wir hofften bis nach tische weiter zu kommen. – – vergebens! Der Wagner hackte, und schnitt; der Schmid sengte und brennte, und schlug dapfer darauf. letzterer würde uns, den Patienten geschwind auf die füsse gestellt und in Gang gebracht haben, wenn der erste den kranken eher hätte aus seinen Händen liefern können. Was war nun zu thun? – – gedult mit Unwillen hieß es! und so heist es diesen Augenblick noch, als ich dieses Schreibe. dann vor der Nacht wird die Cur nicht zu Ende seyn. Es heist also: sitz auf, und bleibe heut nacht noch hier. Daß beträchtlichste bey der Sache sind die Kösten, denn wenigst habe ich die Ehre die Pferd und den Kutscher zu verzehren. In Gottes Nahmen: Es ist besser zehen Räder als ein fuß oder ein paar finger. Wir sind, Gott sey Dank, gesund. wie wir auch von Euer Wohlgeboren, und dero sammten Hause, ja von allen meinen guten Freunden, denen ich mich empfehle, hoffe. dero Fr: Gemahlin machen wir sonderhtl:

unser Compliment; und Sie möchte die Mühe nehmen, und im Cabinetl im Kasten in der mittern und in der obern Stelle suchen, wo sie in einer schachtel etwas weniges Zuckerwerk, und in einem Papier ein Stück lebzelten finden wird. was immer von solchem Zeuge unter die hände kommt, bitte aufzehren zulassen: sonst verdirbt es. Sie wird auch im mittern Zimmer in dem alten hohen Kasten, der hinter der Thüre stehet, zwey alte schaben= gefrässige schwarze zeugene Röcke, und einen Contusch von Canefas mit engl: wohl ausgenäht finden, die Fr: gemahlin möchte solche jemand armen bedürftigen schenken: auch sonst wenn sie etwas altes findet, so den schaben möchte zur Nahrung dienen.

»*dero Fr: Gemahlin*«: *Frau Maria Theresia Hagenauer, geb. Schuster*
»*Contusch*«: *frz. Contouche,* »*ein lose über den Reifrock fallendes Überkleid mit halblangen Ärmeln und Rücken-Quetschfalten*«
»*Canevas*«: *eine Art grobe Leinwand, ungebleichtes hänfenes Tuch*

Der Rosslehner bittet, daß Sie es möchten in seinem Hause melden lassen, daß er den künftigen Erchtag abends nach Hause zu kommen hoffet: denn morgen abends, wen gott will, werden wir hoffentlich in München seyn. folglich wird er wohl mit den leeren Pferden in 2 tägen nach Hause reitten.

»*Rosslehner*«: *Fuhrwerksvermieter, gewerbsmäßiger Pferdeverleiher*
»*Erchtag*«: *Dienstag*

Das Neueste ist, daß, um uns zu unterhalten, wir auf die Orgl gegangen, und ich dem Wolferl das Pedal erkläret habe. Davon er dann gleich stante pede die Probe abgeleget, den schammel hinweg gerückt, und stehend preambulirt und das pedal dazu getreten, und zwar so, als wenn er schon viele Monate geübt hätte. alles gerüeth in Erstaunen und ist eine neue Gnad Gottes, die mancher nach vieler Mühe erst erhält. Wir empf. uns, ich bin mit aller Ergebenheit dero
gehor. D^r
Mozart

21. Juni 1763

Die genannte Orgel war jene der St. Jakobskirche in Wasserburg. »stante pede«: auf der Stelle »preambuliren«: so viel wie präludieren, »aus dem Kopf spielen«

Wolfgang Amadeus Mozart.
Stich von T. Cook nach dem Stich von Delafosse

München den 21. Junii 1763

Wir sitzen in München. am Sonntage den 12:ten Abends sind wir angelanget; am Montage war galla wegen dem Antoni Fest, wir fuhren nach Nymphenburg. der Prinz von Zweybrücken, der uns von Wien kannte, sahe uns vom Schlose aus im Garten spaziren, er erkannte uns, und gab uns ein zeichen vom Fenster, wir näherten uns, und nachdem er vieles mit uns sprach, fragte er, ob der Churfürst wuste, daß wir hier wären. Wir sagten nein; Er schickte gleich einen neben ihm stehenden Cavaglier zum Churfürsten um ihm zu sagen, ob er die Kinder nicht hören wollte? – – wir sollten entzwischen im Garten spaziren gehen, und die Antwort erwarten. – –

Schloß Nymphenburg. Stich von Franz Xaver Jungwierth nach Bernardo Bellotto, genannt Canaletto, 1761

1763   21. Juni

In der That kam gleich darauf ein Laufer, der uns meldete, daß wir um 8 Uhr bey der Musick erscheinen sollten. Es war 4 Uhr; wir giengen demnach im Garten fort; besahen Badenburg, wurden aber durch einen gähen Regen und Donnerwetter gezwungen uns unter das Dach zu begeben. kurz! der Wolferl machte seine Sach gut. wir kamen erst um 1/4^{tl} nach 11 Uhr nach Hause. assen erst, und kamen folglich spät schlafen.

In München wohnte die Familie Mozart im Gasthof »Zum goldenen Hirschen« in der Schwabingergasse 151, heute Theatinerstraße 18.

»Antoni Fest«: Am 13. Juni wird der hl. Antonius von Padua gefeiert, in München der Namenstag der Schwester des Kurfürsten, Maria Antonia Walpurgis (1724–1780).

»Prinz von Zweybrücken«: Pfalzgraf Friedrich Michael von Birkenfeld-Zweibrücken-Rappolstein (1724–1767)

»Churfürst«: der seit 1745 regierende Maximilian III. Joseph (1727–1777). Wolfgang und Nannerl hatten im Jänner 1762 bei ihm gespielt.

»Badenburg«: ein kleines Lustschloß mit Badeanlage, erbaut von Joseph Effner für Kurfürst Max Emanuel (1662–1726)

Am Erchtage und Mittwoch-Abends waren wir beym Herzoge Clemens, am Donnerstag blieben wir, wegen starken Regen, Abends zu Hause. Nun hat es Hitze wie wir hier weiter kommen: da der schöne Gebrauch hier ist, die Leute lange auf die Regalien warten zu lassen; so, daß man frohe seyn muß, das zu bekommen, was man verzehret. H. Tomasini ist schon 3 Wochen hier. Nun endlich ist er expedirt. sagen sie dem H. Wenzl, er soll sich vorstellen: was für eine Freude wir beyde hatten, uns ohnvermuthet hier zusehen. Er kannte mich eher, als ich ihn; weil er nun groß, stark, und schön gewachsen ist. Er zeigte eine gewisse Erkänntlichkeit gegen meine alte Freundschaft, die ich ihm in Salzburg erwiesen, die mich rührte, und mir zeigte, daß er ein gutes Herz hat. Er gehet auch nach Stutgard, und Mannheim; dann aber wieder nach Wien zurük. Der Bischof von Passau ist also Tod? – – requiescat in pace! Judicia Dei etc. Gott kann ein Strich durch manche Rechnung machen …

21. Juni   1763

Clemens Franz de Paula Herzog von Bayern (1722−1770) war der Vetter des Kurfürsten, er besaß eine eigene Musikkapelle.

»Regalien«: von ital. regalo, Geschenk, Präsent

»H. Tomasini«: Aloisio Luigi Tomasini, geb. 1741 in Pesaro, gest. 1808 in Eisenstadt. Seit 1762 war er bei der Kapelle Nikolaus I. Esterhazy: zuerst als Geiger, dann als Konzertmeister und Leiter der Kammermusik bei Nikolaus II. Joseph Haydn komponierte für ihn die Streichquartette op. 9 und die Violinkonzerte. Tomasini befand sich 1763 auf einer Konzertreise.

»H. Wenzl«: Wenzel Hebelt war Violinist in der Salzburger Hofkapelle und Vertreter Leopold Mozarts als Violinlehrer.

Bischof von Passau war ab Mai 1762 Joseph Maria Graf Thun-Hohenstein. Er hatte die Nachfolge auf den Salzburger Bischofsstuhl angestrebt ...

Wolfgang Amadeus Mozart, kolorierte Bleistiftzeichnung von Franz Nikolaus Streicher, 1763

Den 18:ten speiste der Churfürst in der Stadt, wir giengen zur Tafel; Er, seine Schwester und der Prinz von zweybrücken unterhielten sich mit uns die ganze Tafel durch; ich ließ den Buben sagen, daß wir Morgen weggehen wollten. Der Churfürst sagte zweymal, daß es ihm Leid wäre, daß er das Mädl nicht gehört hätte: denn als wir zu Nymphenburg waren, war die zeit zu kurz. weil der Bub allein mit praeambuliren, dann mit dem Concert auf dem Violin und Clavier die meiste zeit wegnahm; zwey Damen sangen, dann war es vorbey. Da er also das zweyte mal sagte: »ich hätte sie doch hören mögen;« so konnte ich nicht anders sagen, als daß es darauf nicht ankomme ein paar Tage noch zu verbleiben. Es ist also nicht anders möglich, als aufs geschwindeste am Mittwoch nach AugsPurg hinüber zufahren. denn gestern war jagd. heut ist franz: Comedie und folglich kann sie erst morgen schlagen. werde ich nun am Erchtage expediret, so darf ich Gott danken. beym Herzog werde ich nicht aufgehalten: allein er erwartet erst, was der Churfürst giebt. H. Tomasini hat Ursach mit dem Churfürsten übl zufrieden zu seyn. Er hat sich 2 mal produciert; hat lange warten müssen, und endlich 10 Max d'or bekommen. der Herzog hat ihm doch eine schöne goldene Uhr gegeben. Basta!

»Die Nannerl kann erst morgen schlagen«: Sie kann erst morgen »das Klavier spielen«.
Ein »Max d'or« entspricht 6 ¹/₂ fl.
f. oder fl. ist die Abkürzung für Gulden, X oder kr. für Kreuzer. Ein Gulden hat 60 Kreuzer.

ich bin froh, wenn ich bekomme, was ich hier zahlen mus, und etwa bis nach AugsPurg nöthig habe. ich kann die Stunde kaum erwarten, wenn ich hier leedig werde. Ueber den Churfürsten habe ich mich nicht zu beklagen. Er ist gnädigst, und sagte mir erst gestern: »wir sind schon alte Bekannte; Es wird schon 19 Jahr seyn, daß wir einander kennen.« allein die Aposteln die denken ieder auf sich, und ihren Beutl.
Da ich alle Tag an diesen Brief etwas geschrieben; so wird er endlich fertig.
Morgen den 22ten gehen wir ab. Leben Sie wohl ich bin etc:
P:S: Izt sind wir expedirt. von Churfürst: haben wir 100 f vom Herzog aber 75 f bekommen. wie aber unser Conto im Wirthshaus lauten wird, das werden wir morgen zuvernehmen die Ehre haben, H. Störzer hat den Ruhm, daß er gut bedient; aber auch braf schreibt und rechnet, gedult! die Nannerl hat mit den grösten Applausen sowohl beym Churfürst: als beym Herzog gespielt. Beyde haben uns bey der Beurlaubung eingeladen bald wieder zukommen. der Prinz v zweybrücken wird uns in Mann-

21. Juni   1763

heim ansagen, er geht bald dahin. Der Herzog Clemens hingegen hat uns mit einem Recomendations Schreiben an den Churfürsten von der Pfalz versehen.
Geben Sie unsern freunden Nachricht von unserem Wohlergehen.

»H. Störzer«: Johann Heinrich Stürzer war seit 1728 Wirt des Gasthofs »Zum Goldenen Hirschen«.
»Churfürst von der Pfalz« war Karl Theodor (1724–1799).

MARIA ANNA (NANNERL) MOZARTS REISENOTIZEN
(12. Juni – 7. Juli 1763)

Zu münchen hab ich gesehen das ninfenburg, daß schlosse und den garten und die vier schlosser, nemlig amalienburg, badenburg, bagotenburg und die ermitage. das amalienburg ist daß schönste, worinnen das schöne bett ist und die kuchel, wo die Kurfürstin selbst gekocht hat. badenburg ist das größte, wo ein sall ist von lauter spiegeln, das bad von marmor, bagotenburg ist daß kleinste, wo die mauern von meolika ist. und die ermitasche ist das Sitzamste, wo die capel von muschel ist:
zu augsburg den schatz zu St: Ulerich und das rathaus.

Die Amalienburg wurde von 1734 bis 1739 von François Cuvilliés (1695–1768) für die Kurfürstin Amalie, Schwester Kaiser Karls VI. und Gemahlin des Kurfürsten Karl Albert, erbaut.
Die Pagodenburg wurde 1716 von Joseph Effner in ostasiatischem Geschmack erbaut.
Die Eremitage ist die von 1725 bis 1728 von Joseph Effner errichtete Magdalenenkapelle. Die Klause sollte dem Kurfürsten Max Emanuel als Bußstätte dienen.
Der »Schatz zu St: Ulerich« ist in der Schatzkammer der Reichsabtei St. Ulrich noch größtenteils erhalten.
Das Rathaus zu Augsburg mit dem »Goldenen Saal« wurde 1615 bis 1620 von Elias Holl (1573–1646) erbaut.

1763 11. Juli

Herrn/Herrn Lorenz Hagenauer berühmten Handelsherrn in Salzburg

Wir sind gott Lob bis itzt alle gesund
Monsieur. Ludwigsburg den 11 Julii 1763

Augspurg hat mich lange aufgehalten und hat mir wenig, ja nichts genutzet. denn was einkahm, das gieng auch wieder weg, weil alles ungemein Theuer ist; ob mich gleich der gastgeb zu den 3 Mohren H: Linay, der der artigste Mann der Welt ist, recht gut hielt.

Der Gasthof »Zu den drei Mohren« in der Maximilianstraße war einer der beiden vornehmsten Augsburgs. Wirt war zu dieser Zeit Joseph Linay d. Ä.

Wolfgang und Nannerl gaben drei öffentliche Konzerte in Augsburg. Sie fanden im Gasthof »Zu den drei Königen« statt, wo schon 1756 Leopolds »Musikalische Schlittenfahrt« und die »Bauern-Hochzeit« aufgeführt wurden.

Augsburg: Gasthof »Zu den drei Mohren«, Maximilianstraße. Stich von F. P. Edelwirth

11. Juli 1763

Wir giengen den 6ten von Augsp: ab, kamen abends in Ulm, wo wir nur über Nacht und den andern Mittag blieben. wir würden den Mittag nicht geblieben seyn, wenn wir nicht wegen Pferden weiter zu kommen Anstand gehabt hätten. Nun kommt eine Fatalitet! da wir auf die Post-Station blochingen kammen, hörten wir, daß der Herzog den Augenblicklichen Entschluss gefast habe, den 10ten in der Nacht nach seinem Jagdschloss grafenegg abzugehen, welches 14 Stund entlegen ist. ich entschloß mich demnach geschwind, statt nach Stuggard, gleich über Constatt nach Ludwigsburg zu gehen, um den Herzog noch anzutreffen. den 9ten abends langte ich in Ludwigsburg spät an. Ich sahe noch ein Stück von der Französ: Comoedie. Ich konnte aber eher nicht, als den 10ten morgens dem OberCapellmeister Jomelli und den Oberjägermeister Baron v Pölniz sprechen, an welche beyde ich briefe vom H. grafen v Wollffegg hatte: allein, kurz zu sagen! Es war nichts zu machen. H: Tomasini, der 14 Tage vor mir da war, kam auch nicht dazu, sich hören zu lassen. und wie ich durchaus vernehme: hat der Herzog auch die schöne Gewohnheit die Leute lange warten zu lassen, bis er sie hört; und alsdann lange warten zu lassen bis er sie beschenket: allein ich sehe die ganze Sache als ein Werk des H: Jomelli an, der sich alle Mühe giebt die Teutschen an diesem Hofe auszurotten, und nichts als Italiäner einzuführen. Es hat ihm auch schon fast gelungen, und wird ihm auch gänzlich gelingen, da er nebst 4000 f jährlichem Gehalt, Portion für 4 Pferde, Holz und licht, einem Hause in Stutgard und einem Hause in Ludwigsburg noch die gnade des Herzogs im ersten Grade besitzet, und seiner Frau sind nach dessen Tode 2000 f Pension accordirt. wie gefällt ihnen eine solche Capellmeister Stelle? – – über das hat er bey seiner Musik unumschränckte Mächte: und das ist es, was die Musik gut macht. Wie sehr aber Jomelli für seine Nation eingenohmen ist können sie daraus schlüssen, weil er und andere seiner Landsleute, deren sein Haus immer voll ist, um ihm aufzuwarten, sich vernehmen liessen, daß es zu verwundern und kaum glaublich seye, daß ein kind teutscher Geburt so ein Musik:genie und so viel geist und feuer haben könne. ridete amici!

»*Fatalitet*«: franz. *fatalité,* »*ein unvermeidliches Schicksal, ein Verhängniß*«

Die »*französische Comoedie*« *leitete Uriat, der Vorleser des Herzogs. Die Komödiantentruppe spielte bis 1767 am Württembergischen Hof.*

Niccolò Jomelli, geb. am 10. September 1714 in Aversa (Neapel), gest. am 25. August 1774 in Neapel, bedeutender Opernkomponist. Nach Aufenthalten in Rom und Wien wurde er 1753 von Herzog Karl Eugen von Württemberg nach Stuttgart berufen. Daß Jomelli Mozart den Zutritt zum Hof versperre, bildete sich Leopold ein. 1769 fiel Jomelli beim Württembergischen Hof in Ungnade, er kehrte nach Italien zurück und ließ sich in der Umgebung von Neapel nieder, wo er 1770 Vater und Sohn Mozart wiedertraf.

»*Baron v. Polniz*«: *Louis Karl Wilhelm Freiherr von Pöllnitz (1724–1801)*

»*H. grafen v. Wollffegg*«: *Anton Willibald Graf von Waldburg zu Wolfegg und Waldau, Rechtserbtruchseß und Domherr von Salzburg*

»*ridete amici*«: *lacht, Freunde!*

Nun weiter. Mein Umstand ward nun dadurch böser oder schlimmer, weil der Herzog alle Pferde von der Post und den Lehngutschern weg hat. ich bin also gezwungen heute noch hier zu bleiben; und eben da ich schreibe, geschieht solches mit beständig unterbrochener bemühung Pferde aufzutreiben. Sie sehen also, daß ich bis itzt weiters keinen Vortheil habe, als Länder und Stätte und verschiedene Leute gesehen zu haben.

11. Juli   1763

Ulm ist ein abscheulicher altvätterischer, und so abgeschmackt gebauter ort, daß ich vielmahl an Sie gedacht und gewunschen habe, daß Sie ihn sehen sollten. Stellen sie sich nur Häuser vor, wo sie von aussen das ganze Stock= und alles Holzwerk, so wie es angelegt ist sehen müssen, und wenn es hoch kommt, solches mit einer farbe überstrichen, das Mauerwerk aber schön weis oder ieder Ziegl, so wie er liegt natürlich angemahlt ist, damit die Mauer und das Holzwerk desto deutlicher gesehen wird. Und so sehen Westerstetten, Geissling |: wo die künstliche beinarbeit gemacht wird, und wo 7 Weibspersonen einen jeglich ankommenden fremden fast zu tode reden, um geld zu lösen :| dann Goepping, Ploching und vieles von Stutgard aus. NB heben sie nur meine briefe auf, so werde seiner Zeit sachen erklären, die gar zu weitläufig wären zu überschreiben.

Westerstetten liegt nordwestlich von Ulm, mit »Geissling« ist Geislingen gemeint, mit »Goepping« Göppingen.

Schloß Ludwigsburg. Stich von Joseph August Corvinus

Ludwigsburg ist ein ganz besonderer Ort. Es ist eine Statt. allein die Zäune und gärten=geländer, hauptsächlich aber die Soldaten sind die Stattmauern. wenn sie ausspeyen, so speyen sie einem officier in die tasche oder einem Soldaten in die Patron=tasche. sie hören ohne unterlass auf der Gasse, nichts als: »halt! Marche! schwenkt euch!« etc. etc: Sie sehen nichts als Waffen, trommeln,

1763   11. Juli

und Kriegsgeräthe. Vor dem Eingang des schlosses stehen 2 grenadiers und 2 Dragoner zu Pferd die grenadiers Mützen auf dem Kopfe und einen Curas auf der brust, in der hand aber den blossen säbl, über sich ieder ein schönes grosses Dach haben von blech, statt eines schilterhauses: mit einem Worte, es ist unmöglich, das man eine grössre accuratesse im Exercitio, und eine schönere Manschaft sehen kann. Man sieht absolute keinen anderen Mann als grenadiersmässige Leute, so zwar, das mancher feldwebl 40 f monatlich beesoldung hat. sie werden lachen! und es ist wirklich lächerlich. wenn ich zum fenster stand, so glaubte ich nichts als Soldaten zu sehen, die bereit wären, eine Person auf einer Comoedie oder opera vorzustellen. dencken sie nur, alle leute sind haargleich, und täglich, nicht in wuckeln frisirt; sondern wie der erste petit=Maitre in viele Locken vom Kopf weg gekämmt und schneeweis eingepudert, die bärte aber kohlschwarz geschmiert. von Manheim aus werde mehr schreiben. ich muß schliessen. wenn sie mir schreiben, so schreiben sie nach Manheim, und setzen darauf, das der brief auf der Post bleiben solle, bis ich ihn ablange. wenn ich alles schreiben sollte, hätte ich noch vieles zu schreiben. Doch kann ich nicht umhin seyn ihnen zu sagen, daß Wirtemberg daß schönste Land ist: von Geissling an bis Ludwigsburg sieht man nichts als rechts und Lincks zu gleicher Zeit Wasser, Wälder, felder, wiesen, gärten und Weinberge, und dieß zugleich und auf das schönste vermischet. der ganzen Salzb: Welt meine Empfehlung. Complimenti sopra Complimenti. addio!
Ich bin der alte   Mozart.
Meine Frau hat an der Gegend die wir in
wirtemberg haben, das gröste vergnügen.

»*Curas*«: *Küraß, ein Brustharnisch, Panzer*

»*accuratesse*«: *ital. accuratezza, Pünktlichkeit, Sorgfalt, Genauigkeit*

»*Exercitio*«: *lat. für Übung*

»*in wuckeln frisirt*«: *mit eingedrehten Locken, von franz. boucle, eine Haarlocke (b und w ist im Süddeutschen und Österreichischen*

11. Juli   1763

sprachlich ident: z.B. Wuchteln oder Buchteln, eine Mehlspeise)
»petit-Maitre«: ein Stutzer, ein Geck
»Wirtemberg«: heute Württemberg, damals Würtenberg
»complimento«: ital. Höflichkeitsbezeugung

Sagen sie dem H: Wenzl, daß ich gewissen Nardini gehört habe, und daß, in der Schönheit, reinigkeit, gleichheit des Tones und im Singbaren Geschmacke nichts schöners kan gehöret werden. Er spielt aber nicht gar schwer.

Pietro Nardini, geb. am 12. April 1722 in Livorno, gest. am 7. Mai 1793 in Florenz, wurde von Giuseppe Tartini ausgebildet. Nardini musizierte neben anderen 1760 bei den musikalischen Feierlichkeiten anläßlich der Heirat des Erbprinzen Joseph mit Isabella von Parma. 1762 wurde er an den Stuttgarter Hof als Kammermusiker berufen, 1763 wurde er Konzertmeister im von Niccolò Jomelli geleiteten Orchester. Dann machte Nardini Konzertreisen nach Neapel und Rom, pflegte 1769 den todkranken Tartini und wurde großherzoglicher Konzertmeister in Florenz.

Am 12. Juli 1763 reist die Familie Mozart nach Bruchsal – sie steigt im Gasthof »Zum Riesen« ab. Am 14. Juli kommt die Familie nach Schwetzingen und logiert im Gasthof »Zum roten Haus«.

Schwetzingen den 19 Julii 1763

Monsieur.

Da ich in Ludwigsburg schrieb; so getrauete ich mir nicht beyzusetzen, daß das Soldaten=wesen alda bis zur Ausschweifung getrieben wird. denn, in der that, 12 bis 15000 Soldaten, die täglich ganz unglaublich nett gebuzt einhergehen, ja wegen der von der feinesten leinwand gemacht haargleichen Stifletten und Hosen kaum gehen können, sind zum Ernste zu wenige und zum Spaß zu kostbar, folglich zu viel.

den 12ten haben wir endlich um 8 uhr morgens die uns schon um 4 uhr frühe versprochne Postpferd bekommen und sind über Entzweining |: einem ganz lutherischen miserablen ort :| abends in Bruchsal angelangt. wir haben auf dieser tag=reise angenehme gegenden und viel vergnügen wegen eines guten freundes, der von Augsp: aus uns ungesehen nachkam, gehabt.

die Residenz in Bruchsal ist sehenswürdig. die Zimmer sind vom allerbesten Geschmack; nicht viele Zimmer, aber so edl, unbeschreiblich reitzend und kostbar, daß man nichts angenehmeres sehen kann. von da sind wir nicht nach Manheim, sondern schnurgerad nach Schwezingen gegangen, wo der Hof im Sommer ist. ausser der Recommendition die ich von Wienn an den Music=Intendant Baron Eberstein in handen hatte, waren wir schon durch den Prinzen v Zweybrücken alda angesagt, und der Prinz Clemens von Bayern schickte uns noch ein eigenhändig Reccomendationsschreiben an die Churfürstin von Manheim zu den 3 Mohren nach augspurg nach.

»Entzweining«: Vaihingen an der Enz

19. Juli 1763

Freiherr von Eberstein war der Musikintendant des Kurfürsten Karl Theodor, der von 1743 bis 1778 residierte und Mannheim zum geistig-künstlerischen Mittelpunkt der Kurpfalz und vor allem zu einem Musikzentrum von europäischem Ruf machte. Besonders das von Johann Stamitz, dem aus Deutschbrod gebürtigen Violinvirtuosen erzogene und gebildete Orchester wurde bewundert.

Christian Friedrich Daniel Schubart (1739–1791), Komponist, Organist, Dichter, Verfasser der »Deutschen Chronik«, schreibt 1784 über das Mannheimer Orchester:

»Kein Orchester der Welt hat es je in der Ausführung dem Mannheimer zuvorgethan. Sein Forte ist ein Donner, sein Crescendo ein Catarakt, sein Diminuendo ein in die Ferne hin plätschernder Krystallfluß, sein Piano ein Frühlingshauch. Die blasenden Instrumente sind alle so angebracht, wie sie angebracht seyn sollen: sie heben und tragen, oder füllen und beseelen den Sturm der Geigen.«

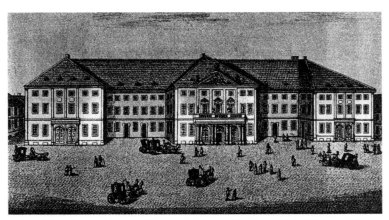

Das Mannheimer Nationaltheater. Stich von Klauber nach Schlichten, 1782

Gestern ward eigens Accademie wegen uns anbefohlen. Dieß ist erst die zweyte Accademie die seit dem May hier ist gehalten worden. Sie dauerte von 5 uhr abends bis nachts 9 uhr. Ich hatte das Vergnügen nebst guten Sänger und Sängerinnen einen bewunderungswürdigen Flutotraversisten Mr: Wendling zu hören, und das Orchester ist ohne widerspruch das beste in Teutschland, und lauter junge Leute, und durch aus Leute von guter Lebensart, weder Säufer, weder Spieler, weder liederliche Lumpen; so, daß so wohl ihre Conduite als ihre production hochzuschätzen ist. Meine Kinder haben ganz Schwetzingen in Bewegung gesetzet: und die Churf: Herrschaften hatten ein unbescheiblich vergnügen, und alles geriet in verwunderung. So bald wir weg kommen, gehen wir nach Frankfurt. Wenn sie mir demnach schreiben, so schreiben sie mir nach Frankfurt. abzugeben bey H: Johann georg Wahler auf dem Römerberg. – – Nun hoffe ich, daß Sie werthester freund sowohl als dero liebste Gemahlin und samtl: angehörigen im besten Wohlseyn sich befinden werden: gleichwie wir alle, Gott Lob und Dank, noch keine viertelstund krank waren.

Johann Baptist Wendling, geb. am 17. Juni 1723 in Rappoldsweiler (Elsaß), gest. am 27. November 1797 in Mannheim, war von 1747 bis 1750 Flötist am Zweibrückener Hof. Er unterrichtete Herzog Christian IV. von Zweibrücken und den Kurfürsten Karl Theodor von der Pfalz, dessen Hoforchester er seit etwa 1751/52 angehörte. Er unternahm Konzertreisen nach Frankreich, England, Italien und Holland – auch mit seiner Frau Dorothea, Hofsängerin und hochbezahlte Primadonna. Wien war ebenfalls ein Reiseziel: Wendling konzertierte in einer Akademie am 17. März 1776. Er lebte überwiegend in Mannheim, auch nach der Verlegung des Orchesters nach München.

Johann Georg Wahler war Handelsmann in Frankfurt.

Nun soll uns die frau Hagenauerin sehen. in gewissen Umständen nämlich, wo wir ganz besondere Landsübliche Sachen mitmachen müssen, die von den unsern sehr unterschieden sind, und wie viele merkwürdige ja ganz sonderbare sachen sehen wir, die wir ihr auch zu sehen wünschen. wir sind nun wirklich immer in orten, wo 4 Religionen sind. nämlich Catholisch, Lutherisch, Calvinisch, und Juden. Schwetzingen ist ausser der Menge der Hofleute meist Calvinisch; Es ist nur ein Dorf, hat 3 Kirchen, eine Catholische, lutherische, und Calvinische: und so ist es durch die ganze Pfalz.

19. Juli   1763

Merkwürdig ist, daß wir von Wasserburg aus bis itzt kein Weichbrunnkrügl nimmer in unserm zimmer hatten. denn wenn die Örter gleich Catholisch sind, so bleiben derley sachen doch schon weg, weil viele Lutherische fremde auch durchreisen. und folglich sind die zimmer schon so eingericht, daß alle Religionen darinn wohnen könnten. Man sieht auch in den schlafgemächern selten etwas anders als ein paar Landschaften oder das Portrait eines alten Kaysers etc: gar selten ein Crucifix. die fastenspeisen bekommt man sehr hart. sie machen solche auch sehr schlecht denn alles frist fleisch; und wer weis was sie uns gegeben haben. Basta! wir haben keine schuld! unser gastgeb hier ist ein Calvinist. gut, daß es nicht lange dauert: Nun muß ich schlüssen, es ist Zeit in die Französ: Comoedie, die sonderheit: wegen der Ballets und Music unverbesserlich ist. ich hoffe in Franckfurt etwas von ihnen zu lesen.
Leben sie alle wohl und gesund, an alles links, rechts, hinten und vorn meine Empf: specialiter an H: gd: H: Beichtvater, Madame de Robini etc: ich bin der alte   Mozart.

> »Weichbrunnkrügl«: ein mit Weihwasser gefüllter, meist kunstvoll ausgeführter Behälter, der in katholischen Häusern meist bei der Tür angebracht war, aus dem man sich selbst, aber auch den Gast beim Hinaustreten zum Schutz gegen böse Geister besprengte
>
> Die »Französische Comoedie« wurde in dem 1752 erbauten Schloßtheater aufgeführt.

Bühne im Schloß zu Schwetzingen. Photographie

Der »Beichtvater«: Ferdinand Joseph Mayr (1733–1792), Beichtvater des Salzburger Erzbischofs
»Madame de Robini«: Witwe von Georg Joseph Robinig, geb. Viktoria Aniser, Tochter des Salzburger Handelsherrn Franz Aniser und seiner Ehefrau Maria Margarethe, geb. Tagger

P:S: bey grissling, göpping und um selbe gegend sahen wir alles getreid vom schauer in boden geschlagen. zwischen dem 13ten und 14ten hatten wir in bruchsal ein solches erstauniches donnerwetter, daß ich mich dergleichen keines in meinem Leben erinnere. Meine Kinder hörten es zum glück nicht obwohl es nach mitternacht anfieng, und morgens um 3 uhr am allerheftigsten war; sie schlieffen so gut. das wetterleuchten war ohnausgesetzt, dann schlag auf schlag und dieß die ganze Nacht durch: das, was mir am meisten im Kopf lage, waren die Häuser, wo man nichts als Holz sieht, und man bey feuersgefahr, nur geschwinde zum fenster hinausspringen muß. ehe wir nach Constatt kamen fuhren wir bey einem in flammen annoch stehenden hause vorbey, so vom Donner entzindet ward. sonst hat uns auf dem weeg, gott Lob, niemals ein donnerwetter erwischt. Übrigens muß ich noch unserem Salzburger=Land zum trost sagen, daß auch in allen diesen gegenden, so bald es geregnet hatte, auch eine ungewöhnliche kälte zu spieren ware.

Mit dem Geld ist es ganz zum erstaunen übl. schon in bruchsall nimmt man die bayr: thaler nicht anders als für 2 f 24 X. die 25.^{ger} für 24 X etc etc: der duggaten gilt nur 5 f, die bayr: 12er will man kaum für 10 X^{r} haben. da doch in augsp: der duccaten für 5 f 20 bis 24 X^{r} kann ausgebracht werden.

»Constatt«: Canstatt, 1905 nach Stuttgart eingemeindet
»ausgebracht«: im Sinne von in Verkehr gebracht, eingewechselt

19. Juli   1763

In Schwetzingen lernte Leopold Musiker kennen, die später im Leben Wolfgangs eine Rolle spielen werden:
Die Violinisten der Mannheimer Hofkapelle, Carlo Giuseppe (Karl Joseph) Toeschi (1731–1758) und seinen Bruder, Giovanni Battista Maria (Johann Baptist) Toeschi (1735–1800). Beide waren Schüler von Johann Stamitz. Carlo Giuseppe war ein angesehener Ballettkomponist, Giovanni Battista komponierte einige Werke für die Viola d'amore. Beide folgten dem Kurfürsten nach München.
Ignaz Fränzl (1736–1811) blieb in Mannheim, wo er auch als Musikdirektor am Hoftheater tätig war.

Johann Christian Cannabich (1731–1798), auch Schüler von Johann Stamitz, war schon mit 13 Jahren Violinist in der Hofkapelle. Nach Aufenthalten in Rom und Stuttgart mit Jomelli wurde er 1774 Direktor der Instrumentalmusik und dann Musikdirektor der Hofmusik in München.

Nach dem 18. Juli reist die Familie Mozart weiter nach Heidelberg und wohnt im Gasthof »Zu den drei Königen«, dann nach Mannheim (»Zum Prinzen Friedrich«) und Worms (»Zum Schwan«).

MARIA ANNA (NANNERL) MOZARTS REISENOTIZEN
(13. Juli – 2. August 1763)

schwätziggen
den garden, die frazösische comendie, die schönsten balet und die sternallee:

Heidelberg
das schloß, die tapetenfabrik und seidenfabrik, das grosse fass, und der brunn, wo die herrschaft das wasser holen last:

1763 19. Juli

Zu mannheim
das schloß, das operrahauß, die bildercalarie, die bibliodeck und die schatzkammer.

Der Garten in Schwetzingen wurde zwischen 1721 und 1734 angelegt und ist unter Kurfürst Karl Theodor ab 1748 durch eine monumentale Neugestaltung nach französischem Vorbild ersetzt worden.
Das »Comoedienhaus« wurde 1752 erbaut und 1762 erweitert.
Mit der »sternallee« meint Nannerl wohl den Zirkel hinter dem Schloß, in dessen Mittelpunkt sich die breiten doppelten Alleen schneiden.
Das »Schloß« in Heidelberg ist die Ruine des 1689 und 1693 in den Eroberungskriegen Ludwigs XIV. zerstörten Schlosses.
Die Tapeten- und Seidenwirkerei befand sich in den östlichen Schlossbauten. Sie wurden 1764 durch Blitzeinschlag zerstört.
Das große 1751 erbaute Faß im Keller unter dem Schloß faßte 221.726 Liter. Aus dem oberen Fürstenbrunnen wurde der tägliche Trinkwasserbedarf für Mannheim nachts mit Maultieren geholt.
Der Schloßbau in Mannheim wurde 1720 unter Kurfürst Karl Philipp begonnen und 1760 vollendet.
Das Mannheimer Opernhaus wurde nach den Plänen von Alessandro Bibbiena erbaut und 1742 eröffnet.
Die Bibliothek der Kurfürstin wurde 1755 bis 1775 eingerichtet.

Das Mannheimer Schloß. Stich der Gebrüder Klauber, 1782

In Mannheim traf Leopold den Oberkapellmeister Ignaz Jakob Holzbauer, geboren 1711 in Wien und zum »Mannheimer« geworden. Er war Schüler von Johann Joseph Fux, verbrachte Lehrjahre in Italien, einige Zeit in Wien und kam über Stuttgart 1753 nach Mannheim. Er unternahm noch drei Reisen nach Italien als gefeierter Opern-, Oratorien- und Kirchenkomponist. Holzbauer starb 1783 in Mannheim. Wolfgang hat Holzbauer sehr geschätzt.

Am 3. August 1763 trifft die Familie Mozart in Mainz ein und logiert im Gasthof »Zum König von England«.

Maynz den 3ten Aug: 1763

Monsieur,
Meine Briefe von Ludwigsburg und Schwetzingen werden sie sonderen Zweifel erhalten haben. Im ersten schrieb ich ihnen, daß sie mir nach Mannheim, im Zweiten aber, daß sie mir nach Franckfurt antworten sollen. Wir haben aber vorher von Schwetzingen einmal eine Spazierfarth nach Heidelberg gemacht, um alda das Schlos, und das große Faß zu sehen. Ueberhaupts hat Heidelberg viel ähnliches mit Salzburg, das ist; der Lage nach: und die eingefahlenen Thürn und Mauern im Schloß, die mit erstaunen anzusehen sind, zeigen die traurigen Früchte der ehemahligen französischen Kriege. In der heiligen Geist Kirche, die in der Historie wegen des Streits zwischen den Catholischen und den Calvinisten bekannt ist, und darum die Churfürsten ihre Residenz nach Mannheim verlegt haben, hat unser Wolfgang: die Orgel mit solcher Bewunderung gespielet, daß, zum ewigen Angedencken seine Nahme alda auf ordre des Herrn Statt=Decani an der Orgel mit umständten angeschrieben worden.

Heidelberg war nach Calvins Tod (1564) bis zum Dreißigjährigen Krieg ein Mittelpunkt der calvinistischen Welt.
Die Baugeschichte der evangelischen Heiliggeist-Kirche in Heidelberg reicht bis zum Beginn des 5. Jahrhunderts zurück.
Die Inschrift auf der Orgel ist nicht mehr zu sehen – die Orgel wurde später in die heute katholische Jesuitenkirche St. Ignatius und Franz Xaver gebracht.

Von Schwetzingen sind wir mit 15 Louis d'or Praesent über Worms nach Maynz gegangen. Zu Mannheim waren wir 3 Täge, und man hat uns alda alles Franco gezeigt, was zu sehen ist. Wir waren auch im Wirtshauß zum Prinz Friedrich genannt von einem Französischen Obersten franciert, der beständig in Indien gedienet hat. Wenn ich ihnen die verschiedenen Seltenheiten, so dieser Oberste aus diesen Ländern mit sich hat, beschreiben sollte; so würde ich viele Bögen Papier zu überschreiben haben. Ich hab unter andern ein Kleid von Papier, und ein Kleid von Holz gemacht, und auch im Stuck gesehen. Das kennen sie aber ehe nicht, bevor sie nicht ein Stückchen ausgezupft haben. Er hat der Nannerl ein Ringel, so etwas mehr, als einen Louis d'or mag werth seyn, und dem Wolfgang : ein artiges Zahnstierer Büchsel verehrt.

Der 1726 bis 1785 geprägte Louis d'or enthielt 7,47 g Gold und entspricht 8 fl.

»Franco« und »franciert«: kostenfrei bzw. freigehalten

»Zahnstierer«: ein Zahnstocher

Die Stadt Mannheim ist wegen ihrer Regularität ungemein schön; aber, da alle Häuser nur ein Stock hoch sind; so scheinte es eine Statt en Miniatur zu seyn. Hingegen sind gleich beym Eingange der Häuser schon ungemein schöne Zimmer, und man findet auch unter dem Tache die feinsten Wohnungen. Am Ende ieder Strasse sehen sie 4 Hauptstrassen im Kreutz zu gleich, deren iede der andern in allem vollkommen ähnlich ist. Und durch alle Strassen stehen beyderseyts zwischen dem mittern fahrweege, und den beyderseitigen Wasser ablauf Rinnen, bemahlte Pfähle, auf denen bey dunkler Nacht die Laternen stehen. Es kann demnach, wie leicht zu erachten, nichts schöners zu sehen seyn, als eine dergleichen beleuchtete perspectivische Aussicht, sonderheitlich in den 4 Hauptstrassen, da man zum Exempl vom Schlosse oder Residenz bis ans Neckar=Thor siehet etc.

Worms ist ein Altväterischer und durch die alten Franzosen=Kriege sehr verdorbener Ort. Es ist aber wegen der alten Bege-

3. August 1763

benheiten der Dom, und sonderheitlich die Lutherische Kirche merckwürdig, wo Luther vor dem Consilio erschienen ist.

Der Dom zu Worms ist eine Basilika im spätromanischen Stil; begonnen wurde der Bau in der 2. Hälfte des 12. Jahrhunderts.
Die Lutherische Kirche ist die 1265 erbaute Martinskirche, die erste protestantische Kirche Süddeutschlands.

Wenn sie einen bösen weg versuchen wollen, so dürfen sie nur von Worms auf Oppenheim fahren. In Oppenheim sehen sie auch die traurigsten Ueberbleibsel der ehemahligen franzosen Kriege. Von Oppenheim auf Maynz ist es höchst angenehm; denn auf einer Seite fährt man hart am Rheine, und lincks sind felder, dörfer, gärten, und Weinberge. Maynz ist in der Mitte ein Eng zusammengebauter Ort; auf der so genannten Bleiche und auf den Thier Markt sieht es besser aus.

In Mainz besichtigte Leopold u.a. die St. Peterskirche an der Großen Bleiche, die zwischen 1752 und 1756 von Johann Valentin Thomann errichtet worden war. In dieser Kirche soll Wolfgang die Orgel gespielt haben.

Maria Anna (Nannerl) Mozarts Reisenotizen
(3. – 11. August 1763)

Meintz
Den garden und die vavorite:
Wisbad
den ursprung von den warmen und kalt bad.
bibrich
Den garten das schloß worin ein runder sall ist.

Die Favorite in Mainz ist das kurfürstliche Lustschloß.
Die 27 heißen Quellen in Wiesbaden wurden schon von Plinius d. Ä.
erwähnt.
Das Schloß in Biebrich – am rechten Rheinufer, seit 1926 Stadtteil
von Mainz – ist ein bedeutender Barockbau, errichtet von 1698 bis
1744 von den nassauischen Landesfürsten.

Frankfurt den 13ten Aug: 1763
Monsieur,
Der Churfürst in Maynz war, und ist noch mit einem starken Fieber behaftet. Man war sehr um ihn besorgt, weil er noch niemals sein Lebs Tage Kranck war. Wir logierten im König von Engelland, gaben entzwischen ein Concert beym römischen König, liessen dann unsern Waagen und einige Bagage in unserm Quartier, und fuhren mit dem Marckt Schiffe nach Frankfurt. Wir sind schon einige Tage hier. Am kommenden Donners Tage werden wir glaublich ein Concert geben, und dann wieder nach Maynz zurückkehren, denn die Marcktschiffe gehen alle Tage zu Maynz und Franckfurt gegen einander ab.
Wir wohnen hier im goldenen Löwen; Ihren so wohl, als H: Adlgassers H: Spizeders Briefe habe richtig durch meinen Freund H: Wahler empfangen. Ob ich aber so wohl einem als dem anderen dieser meinen lieben Freunden antworten werde, weis ich nicht, denn ich komme bluthart ans schreiben, weil ich bald da bald dort bin. basta, ich zähle auf ihre Freundschaft und empfehle uns alle in ihre Freundschaft und Gebet.

13. August 1763

Der Kurfürst in Mainz war Erzbischof Emmerich Joseph Graf Breidbach-Bürresheim (1707–1774).

Der Gasthof »Zum König von England« am Markt 37, einer der vornehmsten Gasthöfe in Mainz, war damals im Besitz des Gastwirts Theodor Thrän.

»Beym römischen König«: ein Gasthof in der Grebenstraße. Das Programm der drei Konzerte ist nicht bekannt. Die Einnahmen beliefen sich auf insgesamt 200 fl.

Das Konzert in Frankfurt fand »in dem Scharfischen Saal auf dem Liebfrauenberg« statt.

Der Gasthof »Zum goldenen Löwen« lag in der Fahrgasse 14. Vorher wohnte die Familie Mozart im Hause Bendergasse 3.

Das Historische Museum der Stadt Frankfurt bewahrt ein Fenster dieses Hauses auf, mit folgender Ritzinschrift: »Mozart Maitre de la Musique de la Chapelle de Salzbourg avec Sa Famile le 12 Aout 1763«.

Am Caietani Fest, haben wir in Maynz bei einem gewissen Canonico Starck gespeisset, Nachmittag sind wir in Gesellschaft der Ursprungerischen Familie, der Churfürstl: Kammerdiener, das ist Leibkammerdiener, und ein gebohrner Salzburger ist, in die Favorite gegangen, und Abends auf dem Rhein spazieren gefahren. Die Favorite ist ein Churfürstliches Sommer Gebäude samt einem Garten, der jedermann offen stehet. Die Lage ist die schönste so man sehen kann. Der Churfürst siehet vom Zimmer, und wenn er will, vom Bette aus, nicht nur den Rhein, sondern auch den Mayn, und den Zusammenfluß beeder flüsse; alle Schiffe, dann eine nicht zu übersehende Aussicht von Weinbergen, gärten, Dörfer, Feldern und kleine Städtchen. Frankfurt ist ein altväterischer Ort, und von dem Römer habe ich mir viel andere Vorstellungen gemacht: Es will weder der Platz noch der Römer gar nichts sagen. Es giebt doch einige schöne Gebäude, doch wenige: Hingegen giebt es schöne Kaufmanns Gewölber, und viel 1000 Juden. Jetzt wirklich muß ich ihnen sagen, daß alles sehr Stille unter der Handelschaft ist, auch gar wenig, ja fast nichts gethan wird, wegen dem erstaunlichen Banquerot der in Amsterdam ausgebrochen, und millionen, auch bereits 30 Häuser alda betrift. Nun trauet hier keiner dem anderen, bis man besser weiß, wie tief ein und anderer stecket. – – –

Das »Caietani Fest« wird am 7. August gefeiert. Der venezianische Adelige Kajetan (Gaetano) wurde im Oktober 1480 geboren. Er gründete die Kongregation der regulierten Kleriker, Theatiner oder Kajetaner genannt. Kajetan von Thiene starb am 7. August 1547. Er ist einer der Schutzheiligen Bayerns.

Johann Franz Xaver Starck war Kanonikus am Liebfrauenstift und Domvikar, Domorganist und Dommusikdirektor.

Der »Römer«: das 1405 erbaute Rathaus mit dem Kaisersaal

Der »Banquerot in Amsterdam« betraf die Firma Gebrüder Neufville, die eine Niederlassung in Frankfurt hatte. Im August 1763 hatte der Zusammenbruch der Firma außer den 30 Häusern in Frankfurt auch 95 Hamburger Häuser insolvent gemacht.

Den 12.ten kam Nachmittag gegen 3 Uhr ein Donnerwetter. Auf den allerersten Blitz erfolgte augenblicklich ein ganz erstaunlicher unvorsehener Donnerschlag, der unfern unserer Wohnung eine Ecke vom Haus wegschlug, 3 Personen blessirte, und in einen Garten fuhr. Hiemit war aber auch das Wetter vorbey.

20. August 1763

Frankfurt den 20. Aug: 1763
Seit 4 bis 5 Tägen haben wir hier eine unaussprechliche Hitze, so daß man die ganze Nacht s: v: im Schweiss liegt, ob man gleich alle Fenster offen lässt. Es ist aber auch nothwendig, denn mit dem Weine sahe es noch sehr schlecht aus. Man kühlt sich hier mit den Sauerwassern ab. Schon zu Grisslingen findet man eine Art sauerwasser, und man findet verschiedene Quellen bis Stuttgard. jedermann trinckt solche unter dem Weine, weil die brunnenwasser meistens schlecht, matt, stinckend, oder trüb sind. Zu Mannheim, Maynz, Franckfurt etc. wird nichts als Schwalbacher und Selzerwasser getrunken. Ich wässere meinen Wein meist mit Selzer Wasser.
Liebster Herr Hagenauer! nun sehe ich den Unterschied unter den Rheinweinen. Es ist kein Wein in der Welt, von dem es mehr Gattungen gibt. Er ist auch nichts weniger als Wohlfeil, indem die Maas, wenn sie ein wenig gut ist, 40 kr: kostet, und dieß ist unser Tischwein. so dann bekommen sie die Maas zu 1 f: 2, 3, 4, auch zu 5 f:, welches erstaunlich ist. Die Maas zu 36 kr: ist auch ein ehrlich Glas Wein: Allein wenn man nur einmal die Naße in das Glaß gestecket hat, wo Wein ist die Maaß nur für 1 f: so glaubt man der 40 kr: Wein seye kein Rheinwein mehr. Die hiesige Maaß wird Salzburg:r 5 Mässel betragen.
Nun weil wir vom Wein reden, so muß ich ihnen eine besondere Geschichte erzehlen. Lachen sie! Gestern Vormittage kam in unser Wirthshaus ein Wagen. Darinne saß ein Frauen Zimmer amazonisch gekleidet oder in einer so genannten Cassacken, und ein Cammermädl, und auf den Sitz ein Bedienter. Beym aussteigen glaubte man die Madame war krum, Lahm, oder sonst krank; Allein es zeigte sich gleich, daß sie etwas weniges betrunken ware. Sie speiste allein in ihrem Zimmer, und der Postillion erzählte, daß sie, ihr Cammermädl, der Bediente, und er der Postillion theils in der frühe, theils auf dem Wege, wo sie sehr oft, sonderheitlich im Walde, halt gemacht, und den grossen Flaschenkeller heimsuchten, 12 Maas Wein vor lauter Hitze nach und nach hineingetröpfelt hätten. Und in der That, der Flaschenkeller war rein ausgeleeret; Die Madame, und das Kammermädl muste man über die Stiege führen. Sie assen sehr

wenig; die Madame erzählte mit einer unausgesetzten Beredsamkeit alle ihre Heyraths Umstände etc: etc: – – Und nachdem sie abermahlen, nämlich die Madame, das Mädl, der Bediente, und der neue Postillion, der dazu eingeladen ware, 4 und $^{1}/_{2}$ Maas Wein ausgestochen, und den Flaschenkeller auf den Vesper=Trunk füllen lassen; sind sie alle Stern Hagel voll in den Wagen geführet worden: so daß es ein wunder ist, wenn sie der Postillion, der auch besoffen war, nicht einige mahl umschmeist. Die Madame ist eine junge Person, die viel Geld hat: Ein Mann von 70 Jahren hat sie wegen ihres Geldes, und wegen ihrer Jugend gehayratet. Sie reiset, ihre Freunde in Bamberg zu besuchen. Hilf Himmel! wie viele maas Wein wird diese edle Gesellschaft noch verschlingen, bis sie zu den ihrigen kommt. Schade, und immer Schade, daß Sie nicht nach Salzburg kommt um der Madame Zahlmeisterin Gesellschaft zu leisten. Die würde ihrem Manne gar bald einen Rathstitl an den Hals sauffen.

Nun haben sie einen langen Brief, und zwar in der ordentlichen Unordnung. ich Schreibe wie es mir gefällt. So gehet es, wenn man reiset. Eine Menge Sachen kommen vor, die ich ihnen sagen möchte, allein ich müste ganze Tage schreiben.

»s: v:«: *lat. salva venia, mit Verlaub, mit Respekt zu sagen*

»Grisslingen«: *Geislingen*

»Schwalbacher« *und* »Selzerwasser« *sind kohlensäurehaltige Wasser, die zu Trink- und Badekuren verwendet wurden und werden, benannt nach Bad Schwalbach und der Gemeinde Selters im heutigen Kreis Limburg/Hessen.*

Ein »Maas«, »Maaß«: *etwa 0,4 Liter*

»Cassacken«: *frz. casaque, ein Reiserock mit weiten Ärmeln*

Ein »Flaschenkeller« *ist ein im Reisewagen mitgeführter Behälter für Weinflaschen.*

Die »Madame Zahlmeisterin« *war Maria Elisabeth Pichler (1713–1784), Gattin des Salzburger Hofzahlmeisters Johann Caspar Pichler (geb. ca. 1699).*

August   1763

AUS DEN »ORDENTLICHEN WOCHENTLICHEN FRANCKFURTER
FRAG- UND ANZEIGUNGS-NACHRICHTEN«, *16. August 1763*
Avertissement
Den Liebhabern der Music sowohl als allen denjenigen, die an
ausserordentlichen Dingen einiges Vergnügen finden, wird hiemit bekannt gemacht, daß nächstkommenden Donnerstag den
18ten August in dem Scharfischen Saal auf dem Liebfrauenberg
Abends um 6 Uhr ein Concert wird aufgeführt werden, wobey
man 2 Kinder, nemlich ein Mädgen von 12 und einen Knaben
von 7 Jahren Concerten Trio und Sonaten, dann den Knaben das
nemliche auf der Violin mit unglaublicher Fertigkeit wegspielen
hören wird. Wenn nun dieses von so jungen Kindern und in solcher Stärke, da der Knab von Clavier gänzlich Meister ist, etwas
unerhörtes und unglaubliches ist; so daß dieser beyder Kinder
Geschicklichkeit nicht nur dem Fürsterzbischöflichen Salzburgischen, Churbayrischen, und Churpfälzischen Hof in Verwunderung gesetzet, sondern auch den Kayserl. Königl. Allerhöchsten
Majestät bey einem 4 Monatlichen Aufenthalt in Wien zu einem
sonderheitlichen Unterhalt und der Gegenstand einer allgemeinen Verwunderung waren: Als hoffet man um so mehr auch dem
allhiesigen Publico einiges Vergnügen zu verschaffen, da man
denjenigen noch zu erwarten hat, der mit Wahrheit zu sagen im
Stande ist, daß er dieses von Kindern solchen Alters gesehen oder
gehöret hat. Weiters dient zur Nachricht, daß dieß nur das einzige Concert seyn wird, indem sie dann gleich ihre Reise nach
Frankreich und Engelland fortsetzen, die Person zahlet einen
kleinen Thaler.

AUS DEM KASSENBUCH DES KAISERLICHEN RATS JOHANN KASPER
GOETHE, VATER VON JOHANN WOLFGANG, FRANKFURT AM
MAIN, *18. August 1763*
4 gulden, 7 kreuzer pro concerto musical: infantium.

AUS JOHANN PETER ECKERMANNS GESPRÄCHEN MIT GOETHE,
3. Februar 1830
Bei Goethe zu Tische. Wir sprachen über Mozart. »Ich habe ihn
als siebenjährigen Knaben gesehen«, sagte Goethe, »wo er auf

einer Durchreise ein Concert gab. Ich selber war etwa vierzehn Jahre alt, und ich erinnere mich des kleinen Mannes in seiner Frisur und Degen noch ganz deutlich.«

Der junge Goethe. Ölbild um 1765

Frankfurt den 20. Aug: 1763
Monsieur

Den 18.ten war unser Concert. es war gut. am 22.ten wird es wieder seyn, und auch am 25.ten oder 26.ten. Der Kayser:^e Gesandte Graf von Pergen und seine Dame etc. waren auch da. Alles gerieth in Erstaunen! Gott giebt uns die Gnade, daß wir, Gott Lob, gesund sind, und aller Orten bewundert werden. Der Wolfgang: ist ganz ausserordentlich lustig, aber auch schlimm. Die Nannerl leidet nun durch den Buben nichts mehr, indem sie so spielt, daß alles von ihr spricht, und ihre Fertigkeit bewundert. Ich habe ein artiges Clavierl vom H: Stein in Augspurg gekauft, welches uns wegen dem Exercitio auf der Reise grosse Dienste thut. Einmahl seit dem wir auf der Reise sind, ich glaube es war zu Augspurg, fieng der Wolfgang: da er morgens erwachte an zu weinen. Ich fragte warum: er sagte es ware ihm Leid, daß er den H: Hagenauer, H. Wenzl, Spizeder, Deibl, Leitgeb, Vogt, Caietan, Nazerl etc. und andere gute Freunde nicht sehe.

Aus den »Ordentlichen Wochentlichen Franckfurter Frag- und Anzeigungs-Nachrichten«, 30. August 1763

Avertissement.

Die allgemeine Bewunderung, welche die noch niemahls in solchem Grade weder gesehene noch gehörte Geschicklichkeit der 2 Kinder des Hochfürstl. Saltzburgischen Capellmeisters Herrn Leopold Mozart, in den Gemüthern aller Zuhörer erwecket, hat die bereits dreymahlige Wiederholung des nur für einmahl angesetzten Concertes nach sich gezogen. Ja, diese allgemeine Bewunderung und das Anverlangen verschiedener grossen Kenner und Liebhaber ist die Ursach, daß heute Dienstags den 30. Aug. in dem Scharfischen Saale auf dem Liebfrauenberg Abends um 6 Uhr, aber gantz gewiß das letzte Concert seyn wird; wobey das Mägdlein, welches im zwölften, und der Knab, der im 7ten Jahre ist, nicht nur Concerten auf dem Claveßin oder Flügel, und zwar ersteres die schwersten Stücke der grösten Meister spielen wird: sondern der Knab wird auch ein Concert auf der Violin spielen, bey Synfonien mit dem Clavier accompagniren, das Manual oder die Tastatur des Clavier mit einem Tuche gänzlich verdecken, und auf dem Tuche so gut spielen als ob er die Claviatur vor Augen hätte; er wird ferner in der Entfernung alle Töne, die man oder einzeln oder in Accorden auf dem Clavier, oder auf allen nur erdencklichen Instrumenten, Glocken, Gläsern und Uhren etc. anzugeben im Stande ist, genauest benennen. Letzlich wird er nicht nur auf dem Flügel, sondern auch auf einer Orgel (so lange man zuhören will, und aus allen auch den schweresten Tönen, die man ihm benennen kan) vom Kopfe phantasiren, um zu zeigen, daß er auch die Art, die Orgel zu spielen verstehet, die von der Art, den Flügel zu spielen ganz unterschieden ist. Die Person zahlt einen kleinen Thaler. Man kann Billets im goldenen Löwen haben.

»Claveßin«: franz. clavecin, Cembalo
»Tönen«: Tonarten

Wir empfehlen uns demnach alle ihnen, allen den ihrigen, allem im Hause, und so viellen meinen guten Freundinen, und Freunden, daß es besonders zu benennen nicht möglich ware. Leben sie gesund. Und wenn sie schreiben, so schreiben sie nach Maynz im Gasthof zum König v Engelland, oder nach Coblenz. Auf der Post liegen zu Lassen. Addio.

Johann Baptist Anton Graf Pergen (1725–1815) war zwischen 1753 und 1766 Kaiserlicher Gesandter und bevollmächtigter Minister.

Johann Andreas Stein (1728–1792) war vorerst Orgelbauer und Organist in Augsburg und wandte sich 1757 auch dem Klavierbau zu. Die »Piano Forte von Stein«, Jahresproduktion 20–25 Stück, kosteten ab 300 fl. und waren weit verbreitet. In Salzburg besaßen eines der Erzbischof Hieronymus Graf Colloredo und dessen Schwester, die Gräfin Maria Theresia Schönborn – dieses Instrument soll 700 fl. gekostet haben –, in Wien die Gräfin Wilhelmine Thun.

Das »Clavierl« ist ein kleines Clavichord, das man auf einen Tisch legen kann.

Die Salzburger Freunde: Wenzel Hebelt, Violinist; Franz Anton Spitzeder, Tenorist; Franz de Paula Deibl, Oboist und Violinist; Joseph Leutgeb, Waldhornist; Johann Sebastian Vogt, Violinist; Kajetan Rupert Hagenauer, der spätere P. Dominikus; Ignaz Lipp, Organist.

P:S: Die Nannerl trägt zum spazieren gehen einen Englischen Hut, wie es in diesen gegenden bey Frauenzimmern mode ist. Wenn wir so zu Salzburg: durch die Strassen giengen, lieffe es alles zusamm, als wenn der Rhinoceros käme. Sie bekam ihn in Maynz, samt einen galanterie flaschenkeller: zum praesent. Der Hut kost 1 Dukaten, das eau sens pareille flaschenkeller: 3 Ducaten.
Wollen sie etwas von einer neuen mode wissen? 3 Engelländer speissen mit uns en compagnie. Die Taille von ihrer Kleidung ist so hoch bis unter die Achseln; und so dann hängt der Rock bis auf die helfte der Waden hinunter: und dazu kommen noch die alten engen Stiefel=Ermel; so, daß es abscheulich anzusehen ist.

26. September 1763

Und das ist wircklich ihre letzte mode. Einer von ihnen gehet wenigst alle zweyte Tage vor Tische hinaus vor die Stadt, und Badet sich im Mayn: und kommt dann, wie eine getaufte Maus zum Speisen. O wie viel hätte ich zu schreiben! – – –
Der Wolfg: hat auch ein Tabattiere von Porcellan zum praesent bekommen. Die Nannerl eine von Lac Martin und eine garnitur pallatin: etc.

Die »Englischen Hüte« hatten breite Krempen aus weichem Material.

»Lac Martin«: Laque Martin, ein glänzender durchscheinender Firnis, wie Lack aussehend

»garnitur pallatin«: franz. palatine, »eine Art Pelzwerk, welches die Frauenzimmer um Hals und Brust herumschlagen«

Koblenz, den 26. September 1763

Nun kömt eine merkwürdige Reise! – – – Den 13.ten Dieß sind wir mit einer Jagd, oder wie man hier spricht, Jacht, nach Coblenz abends um $1/2$ 7 Uhr von Maynz abgefahren. Von Maynz bis Coblenz fährt man, wenn es gut geht, und wenn man Morgens recht frühe abfährt, in einem Tage. Die Jagt ist ein Schif, welches groß ist, 3 Zimmer und vorne und hinten noch grosse verdekte Orte hat, wo die Kaufmanns Güter liegen. Oben darauf auf dem Dache sind die Ruder, und da stellt man auch die Wägen hin. Es sind schon kleine Modellen von Schiffen, die auf dem Meer gebraucht werden. Den 13. Abends fuhren wir noch 2 Stund bis walf. In der frühe hörten wir die heil. Meß, die ein P. Dominicaner von unserem Schiffe laß, wir fuhren wegen einen starken Winde erst um $1/2$ 7 Uhr weg. allein wir kamen nur 2 Stund weit, so musten wir an einem schlechten Orte, das Östrich heist, anlanden. Der Wind war so stark, daß wir an diesem elenden Märktl den Mittag und die ganze Nacht bleiben musten, den Tag darauf fuhren wir fort, aber auch leider nur ein paar Stunden; also zwar; daß wir ausser Bingen 3 Viertl stunde, just Rittersheim gegen über landen, und bis Bingen zu Fus gehen musten. Hier ward anfangs Coffe getrunken; denn wir machten uns Hofnung der Wind würde sich legen. allein man speiste zu Mittag, der Abend und endlich die Nacht giengen weg, und wir blieben da. Den 16ᵗ: morgens um 5 Uhr legte sich der Wind ein wenig, so daß wir abfuhren, und das Bingerloch passirten, auch mittags nach St. Gregoire kamen, nachdem wir vorher die sogenannte Bank passiren musten. Nachdem wir zu St. Gregoire des Mittags gespeiset; und um 2 Uhr abgefahren, auch kaum eine Stunde weit gekommen; so erhob sich ein solcher Sturm, daß wir bei einem Ort von ein paar Häusern, der Arning heist, anlanden, oder vielmehr Anker werfen musten. Hier hielten wir und noch 3 andere Jagden, die nach uns kamen, und links, und rechts nebst noch 2 grossen Nachen Anker warfen, bis ½ 6 Uhr aus. Endlich hoben wir die Anker, und kamen mit harter Mühe an ein örtchen von etlichen Häusern, das sich Salzich nennet. Ich ließ unsern kleinen Nachen, der allzeit an der Jagd angebunden mitgeht, vorauslaufen, um mir das beste zimmer im Wirthshause und das Essen zu bestellen. Dann, da alle Jagden anlandeten, so sahe ich vor, daß es sonst mit Quartier und Essen übel gehen würde. Ich bekam demnach das beste zimmer, eine Suppe, einen guten Rhein Salmen und Butter. wein hatte ich genug selbst bey mir, sonst hätten wir schlechten Wein trinken müssen. S.ᵉ Exc: H: Baron v. Dalberg, chef der Maynzischen Ritterschaft, bey dem wir den Tag unserer Abreise Mittags gespeiset haben, hatte mir 6 Boutellien des besten Hochheimer Rhein weins in das Schiff geschicket, die uns sehr wohl zustatten kamen.

Leopold hört »Jacht« und schreibt »Jagd«, er wurde durch den rheinischen Dialekt verwirrt. Eine Jacht – engl. Yacht – war ursprünglich ein einmastiges, verdecktes Segelschiff, später auch ein Dampf- oder Motorschiff.

»walf«: Walluf

»Rittersheim«: Rüdesheim

Das »Bingerloch« war damals für die Schiffahrt gefährlich.

»St. Gregoire«: St. Goar

»Salzich«: Salzig

»Salmen« sind Lachse, ein Meeresfisch, der zur Fortpflanzung in die Flüsse wandert.

26. September 1763

Endlich kamen wir Sonntags den 17:ten Mittags in Coblenz an, nachdem mich diese Reise 3 Louis d'or Schifferlohn und eine Louisd'or zährung und an anderen nöthigen Ausgaben gekostet. Sie werden sich wundern, daß ich nicht lieber zu Lande gegangen bin welches mich weniger würde gekostet haben. Allein sie müssen wissen daß die Wege an sich selbst sehr elend sind, weil alles zu wasser geht, iezt aber waren sie, wegen der beständig üblen Witterung gänzlich verdorben. Und dieses ist die Ursache, daß wir auch von hier bis Bonn und Kölln zu wasser gehen müssen, wann wir anders auf der Strasse zu Land, die oft hart am Rhein gehet, nicht wollen in den Rhein geworfen werden, oder sonst den Hals brechen.

den 18. Nachmittag haben wir schon bey dem Churfürsten uns hier produciret, und sind auch gleich nach der Production mit 10 Louisd'or beschenkt worden. Den 19:ten und 20:ten war das abscheulichste Regenwetter den 21:ten war Apostel Tag, an welchen ich nicht reisen wollte, damit wir aber nicht gar umsonst unsere Zeit hinbrachten, so machte die wenige Noblesse, die hier ist die Veranstaltung zu einem Concert, das eben den 21:ten gehalten wurde, und eben nicht viel Eintrug, doch war es doch etwas, und ich hatte keine Unkosten dabey, Einer meiner Ursachen: daß ich nicht gleich den 19:ten oder 20:ten von Coblenz abgegangen bin, war, daß der Wolfgang: einen Schnupfen oder Strauchen hatte, der sich nun aber den 22:ten Abends und in der Nacht in einen förmlichen Catharr verwandelt hatte. ich bin sohin gezwungen, noch ein paar Tage abzuwarten, absonderlich weil das Wetter so schlecht ist. Wir werden also kaum vor dem 25 oder 26:ten hier weggehen; denn auf die Gesundheit meiner Kinder muß ich vor allem sehen.

3 Louis d'or: 33 fl.

»Der Churfürst«: Johann Philipp Reichsgraf von Walderdorff (1701–1768)

»Apostel Tag«: am 21. September wird der Apostel und Evangelist Matthäus gefeiert, der in Persien den Märtyrertod erlitt. Seine Gebeine ruhen seit 1084 im Dom von Salerno.

»Strauchen«: Schnupfen, tschech. strouka = Wasserrinne; für einen Salzburger bzw. Augsburger aber eher von mittelhochdeutsch strûche

Der hiesige Hof ist nicht brillant, das meiste bestehet in Essen und tapfer trinken. Nun trinken wir halt auch gute Mosler Weine, und der hüningerbleicher ist ein delikater Wein. wir logiren hier in den 3 Reichskronen.
Die Gebäude sind wie in allen diesen gegenden meistentheils alt, die Kirchen schmutzig und überhaupt sind die Strassen, und alles was in das Auge fällt nicht sauber gehalten. wenn ein Haus Baufällig so macht man aussen eisene Schließen, die, wenns nicht viel braucht von dicken Eisenstangen die Jahr zahl wo es nöthig ist, ganze Namen vorstellen. z: E. würde es nicht schön stehen, wenn sie an ihr Haus solche Schließen setzen liessen. H.A.G.E.N.A.U.E.R 1763. wo die grossen Punkte sind, dort sind die Schließen vestgemacht.

z: E.: zum Exempel, zum Beispiel

Sonst ist hier die fliegende Brücke, über den Rhein, und die steinerne Brüke über die Mosel. dann die Festung Ehrenbreitstein das Schloß oder die Residenz, das Schloß Schönborns=Lust etc. sehenswürdig. nur ist zu bedauern, daß immer böses Wetter ist, welches für den armen Landmann, der von Jahr zu Jahr von der Wein Arbeit lebt, sehr betrübt ist, denn bis iezt sieht man wenig Hofnung Wein zu bekommen. Vermögliche Leute die den Keller voll Wein haben, lachen dazu, denn ihr Wein wird im Keller theurer. überhaupt ist von Augspurg an biß in diese gegenden alles von Meile, zu Meile theurer, so daß das Pfund Rindfleisch welches in Augspurg 6 kr gilt in Schwetzingen 8 kr. in Maynz, Frankfurth, und allen diesen gegenden 9 und 10 kr. ein Ey 1 kr. auch mitten im Sommer das Pf. Butter 20 kr. auch 22 und 24 kr. etc. ein Pfund Karpfen 24 kr. etc. gilt, das Holz kostet der Stecken. welches ein Maaß ist, das ein Pferd ziehet, 7 und 8 f. Das Brod ist halben Theil kleiner, als bey uns, mehrntheils schlecht gebacken, das Mehl schwarz; wie wir denn in diesen gegenden gar keine Mehlspeise bis iezt gesehen haben, denn sie können keine machen. Sie werden sich demnach nicht wundern, wenn sie hören, daß wir bereits, seit dem wir von Salzburg weg sind, bey 1068 f. ausgegeben haben. ausser, was wir uns angeschaft, und einigen gallanterie=presenten war nichts zu ersparen, weil wir zur Erhaltung unserer gesundheit und meines Hofes reputation nobl oder cavaglierment reisen müssen. Hingegen haben wir auch keinen anderen Umgang als Noblessen oder andere dinstinguirte Personen: und, wenn es mir gleich nicht anstehet, daß ich es selbst sage; so ist es doch die wahrheit, daß ich durch solche Aufführung unserem Hof eine grosse Ehre mache, und aller Orten die ausnehmende Höflichkeiten und alle besondere Achtung empfange.

Alles dieses vergnüget mich um somehr, als ie weiter ich herunter komme, ie weniger wird aus unserm Hofe gemacht; und man glaubt, weil hier die gegend ist, wo die 3 geistl: Churfürsten beysammen im Umkreise sitzen, unser Erzbischof habe weiters nichts mehrers zu bedeuten, als höchstens ein Bischof von Eichstadt und Augspurg: und ich kann versichern, daß alles grosse Augen macht und auf meine Erzählungen, und auf unsere Aufführung überhaupt sehr aufmerksam ist, und viele Sachen, die ich ganz glatt heraussage, mit vieler Befremdung anhören.

Die »3 geistl: Churfürsten«: die Bischöfe von Mainz, Köln und Trier

Ja, ich muß sagen, daß ich in der That mich sehr gewundert über die Lauigkeit, und schmutzige, nachlässige und recht bäuerische Art, mit welcher die Kirchen Ceremonien in Maynz und Coblenz gehalten werden. Es ist kein Wunder, wenn es den Lutheranern, Kalvinisten und Juden, mit denen diese gegenden angefüllt sind, mehr zur Aergerniß als zur Auferbauung dienet. In Maynz und Coblenz selbst sind zwar keine Lutheraner, noch Calvinisten; aber destomehr Juden, Sie kommen aber genugsam dahin, ihrer Verrichtungen halber, und es ist nur der Umstand, daß Sie alda nicht ansässig sind; weil in den gegenden die meisten Örter aus Menschen von 4 auch 5^{erley} Religionen bestehen, mit einem Worte! unser Hof ist wirklich ein zweyter Römischer Hof, und unser gnädigster Erzbischof ein anderer Pabst.

Vor Allerheiligen kommen wir nicht nach Paris, ja vielleicht noch später: denn erstlich muß ich die Reise so einrichten. 2.^{tens} nuzt es uns nichts eher in Paris zu seyn: weil alles auf dem Lande ist, und erst im November nach und nach in die Stadt kommt. Ich muß schliessen. entschuldigen Sie die verwirrte Schreibart. Ich muß hinschreiben, so wie mir die Sachen beyfallen. wir empfehlen uns alle in genere et specie allen guten freunden und freundinn:

Brüssel den 17.ten Oct: 1763

Monsieur mon tres cher ami!

Meinen erstaunlich langen Brief aus Coblenz werden sie sondern Zweifel erhalten haben. Wir haben in Coblenz ein eigen Schiff genommen und sind um 10 Uhr abgefahren und Abends bei Zeiten in Bonn eingetroffen. Der Churfürst von Cölln war noch in Westphalen. Wir sachen das Schloss oder Residenz, Poppelsdorff und alles was zu sehen ist, und giengen mit der Post über Brühl nach Cölln, wo wir Abends bey Zeiten eintraffen, unterwegs aber alle Schönheiten der Schlösser Falkenlust, Brühl, die Fasanerey, die Indianischen Häusser, das so genannte Schneckenhaus etc. und alles besachen. Die Kostbahrkeiten und Seltenheiten, die der von allen Unterthanen noch bis diese Stunde gepriesene weil: Churfürst Clemens Augustus an diesen Orten hinterlassen sind ganz ausserordentlich, sonderheitlichen die Juwelen, Mahlereyen, Statuen, und alle Erfindungen von Uhren. Unter andern sind Tische im Concert Saale |: der erstaunlich groß ist :| die von dem schönsten Schwarzen Marmor zu seyn scheinen, sie können aber nicht von Marmor, sondern von einer Stein=Composition seyn, denn es sind von verschiedener Art Kupferstiche darauf angebracht, die zerstreut darauf herumzuliegen scheinen, so daß man sie wegnehmen zu können glaubt; mir scheint solches von darum zu berichten, merckwürdig, weil das gewisse von S:^{er} Excellenz unsern H: Obersthofmeister in Kupfer radirte alte Honnenweib auch da auf dem Tische anzutreffen war, welches zu sehen mir ein wahres Vergnügen machte.

17. Oktober 1763

Die Abfahrt von Coblenz erfolgte am 27. September um 10 Uhr.
In Bonn wurde im Gasthof »Zum goldenen Karpfen« in der Rheinstraße übernachtet.
Der »Churfürst von Cölln« war seit 1761 Maximilian Friedrich Graf Königsegg-Rothenfels (1708–1784).
Das »Schloss« ist heute die Universität.
Das Poppelsdorfer Schloß, erbaut 1715 bis 1730, ist das Residenzschloß »Clemensruhe«.
Das Jagdschloß Falkenlust wurde 1729 erbaut und blieb erhalten. Brühl war zeitweise die Residenz der Kölner Erzbischöfe.
»H: Obersthofmeister«: Franz Lactanz Graf Firmian. Er zeichnete Leopolds Kopf für dessen »Violinschule«.

Das Kölner Rheinufer mit dem unvollendeten Dom.
Gemälde von Clarkson Stanfield, um 1826

In Cölln, der Alten, nicht sehr bewohnten traurigen und erstaunlich grossen Statt waren wir 2 Tage. Wir hatten die Gelegenheit den Schatz im Münster samt allen ihren Heiligthümern zu besehen, ich hatte aber auch hier samt den meinigen und 2 Herren

Canonicis von Bamberg und Maynz nur Gelegenheit mich über viele Sachen ein wenig zu ärgern. Der Herr Custos, einer, der unter denen ist, die mit den würcklichen Domherrn votum activum aber nicht passivum in Capitulo haben, dergleichen etliche gemeine Canonici sind, kam betruncken aus der Vesper, uns den Schatz zu zeigen etc. und das heist man: auf gut Cöllnisch gelebt.

Die Familie blieb am 28. und am 29. September in Köln im Gasthof »Zum heiligen Geist« in der Rheinstraße.

Die Bauarbeiten am Kölner Dom (Münster) wurden 1248 begonnen, 1550 eingestellt und ab 1840 weitergeführt.

»votum activum aber nicht passivum«: wahlberechtigt, aber nicht wählbar

Die Domkirche kann ich ihnen unmöglich so abscheulich beschreiben, als sie hier inwendig aussiehet. Sie sehen etwa 4 Kirchen Stühle, die sind aus 2 langen runden Stücken Holz oder Trammen zusammengenagelt, wie bey uns auf den Strassen bey einer Feld Capelle. In einem Winkel liegen Stroh Sessel auf einem Haufen beysammen, die man den Leuten für geld bringt. Mitten in der Kirche steht ein abscheuliche Nussbaumbraun angestrichene Uralte Canzel, die auf 4 Füssen stehet deren einer ein wenig abgebrochen, folglich, weil er zu kurz, mit einem Ziegelstein unterlegt ist, und die 2 Menschen ohne Mühe hin und her tragen können. Auf dieser Canzel soll Luther geprediget haben: und es wird heut zu Tage noch allzeit darauf geprediget. Neben bey stehen 2 dergleichen alte Kasten, die an 2 Säulen anlehnen. Die Kasten sind alle Minuten zum zerfallen, die noch übrigen paar leisten liegen oben darauf. Dieß ist die ganze Auszierung des hintern und mittlern Theils der Kirche. Der Chor ist verschlossen, und man muß zum haupt=Altar durch ein paar Seiten=Capellen hinzu gehen, oder zum Fenster hineinsehen, wenn man von der Mitte dahin sehen will. Das psallieren ist mehr eine Judenschule als ein Christlicher Gesang: und den Buben, so die Antiphonen singen, soll man mit etwas – – – das Maul stopfen; Es ist unmöglich zu glauben: Sie singen absolute gar nicht, sondern sie schreyen, wie abgefeimte Gassen Spitzbuben aus vollem

17. Oktober 1763

Halße, als wenn sie närrisch wären. Sagen sie mir, wäre es denn nicht auferbaulicher, wenn das Gottes Haus in einen herrlichen und reinen Stand gesetzet würde, als daß so viele Juwelen, Gold und Silber |: mit denen die Gebeine der Heiligen in grosser Menge und anders dick eingefaßt sind :| in eisernen Kasten liegen und fürs Geld gezeigt werden, da inzwischen der Tempel des Herrn einem Pferd Stall ähnlich siehet.

»anders dick ...«: besonders dick

Von Cölln sind wir mit der Post nach Aachen gegangen. Das ist der abscheulichste Weg. In Coblenz und dem ganzen Trierischen hatten wir eine andere Geld=Rechnung zu lernen. Denn da hörte unsere Reichsmüntze auf, und man muste sich auf die Petermännncher, und auf sogenannten schweren und leichten Kreutzer verstehen. In Cölln und Bonn galt dieß alles nichts, und da fiengen die Stüber und die fettmännchen an. In Aachen kamen die Aachner Stüber Busch und Mark: und im grossen die Reichsthaler und Pattacons, auch die Schillinge etc in Lüttich kamen die Sous dazu. Und hier ist alles wieder nichts; sonderen man muß andere Sous, die Escalins, die Brabanter Gulden, und plaquèts, die Stück deren eins 3 Escalins und $1/2$ gilt etc, kennen lernen etc. Es ist nicht zu sagen, was man bald hier bald dort am Geld verliert. Und so bald man von hier weg über Valenciennes kömmt, so ist abermal die Geld Änderung; wo nichts als nur Louisd'or, Feder Thaler, und französische sous zu gebrauchen sind: so daß ich ietzt manchmal nicht gewust habe, wie ich meine Ausgaben notiren soll.

Das Quartier in Aachen war der Gasthof »Zum goldenen Drachen«. Hier produzierten sich die Kinder in einer Akademie.
»Petermännncher«: Petermenger, kleine Silbermünzen mit dem Bildnis des Apostel Petrus
»Stüber«: eine Scheidemünze (20 Stüber = 1 fl.)
»fettmännchen«: Kölnische Kupfermünze (= $1/2$ Stüber)
»Busch«: Scheidemünze (324 Buschen = 1 Reichsthaler)
»Reichsthaler«: 1 Reichsthaler = 24 Mark à 6 Buschen (2 $1/2$ fl.)

»Pattacons«: Patagons, in den Niederlanden geprägte Silbertaler
»Escalins«: brabantische Münzen seit 1749 (1 Escalin =15 kr.)
»plaquèts«: Silbermünze der ehemaligen österreichischen Niederlande
Der mehrmalige Geldwechsel war ein Verlust.
»Valenciennes«: im Königreich Frankreich, nahe der Grenze zu den österreichischen Niederlanden

Nun kömmt meine Fatalität. Ich gedachte in Aachen nichts weiter mich aufzuhalten, als bis meine Credit=Briefe abgeändert waren; allein in der Nacht bekam ich meinen sonst gewöhnlichen Schmerzen, und den anderen Tag die richtige Sciatica: Es hieß also aufgesessen und da geblieben. Da nun Aachen der theuerste Ort ist, den ich Zeit meiner Reise angetroffen, so hatte ich auch hier die Ehre nolens volens über 75 f: zu bezahlen. Es war die Prinzesin Amalia des Königs in Preussen Schwester zwar in Aachen, allein sie hat selbst kein Geld, und ihre ganze Equipage und Hofstaat sieht der Suite eines Arzts so ähnlich, als ein tropfen Wasser dem andern. Wenn die Küsse, so sie meinen Kindern, sonderheitlich dem Meister Wolfgang gegeben, lauter neue Louisd'or wären, so wären wir glücklich genug; allein weder der Wirth noch die Postmeister lassen sich mit Küssen abfertigen. Das lächerlichste war mir, daß sie mich durch alles hat bereden wollen nicht nach Paris, sondern nach Berlin zu gehen, und zwar mit propositionen, die ich, weil man mir nicht glauben würde, nicht hersetzen mag: denn ich glaubte sie selbst nicht, sonderheitlich die proposition, die sie mir machte, für meine Person. Vestigia terrent; sagte der Fuchs.

»Sciatica«: lat. sciatica, das Hüft- oder Lendenweh, Ischias
»nolens volens«: wörtlich »nichtwollend wollend«; ob man will oder nicht, zwangsläufig. Ein Ausdruck, der auf die Schriften des hl. Augustinus (354–430) zurückgeht.
Prinzessin Amalie von Preußen (1723–1787), Schwester von Friedrich II., Äbtissin von Quedlinburg; sie war musikbegeistert und komponierte.
»Vestigia terrent«: »die Spuren schrecken« (Horaz, Epistulae I)

17. Oktober   1763

Von Aachen sind wir nach Lüttich gegangen; wo wir in der Nacht erst am 9 Uhr angelangt sind: weil uns unterwegs der eisene Reif von einem vordern Rade abgegangen.
Lüttich ist gross, vollkreich, und nahrhaft, wo alles in Bewegung ist. In der Frühe nach 7 1/2 Uhr sind wir von Lüttich abgefahren. Es war der schönste Tag: wir hatten aber die Fatalität, daß, da wir kaum 3 kleine Stunden gefahren, das halbe theil vom Reif des 2.ten vorderen Rades absprang. Sie müssen sich aber nicht wundern, denn von Lüttich bis Paris |: bedencken sie den erstaunlichen Weg :| ist die Poststraße, wie ein Stadt gepflastert, und beyderseits, wie eine garten=Allée, mit Bäumen besetzet. Stellen sie sich nun aber auch vor, wie ein so lang gepflasterter Weg die Wagen, Räder und sonderheitlich das Eisenwerck angreift und zu Grunde richtet. Wir musten also um 2 Stunden eher das Mittagmahl einnehmen, bis das Rad wieder in Ordnung war: allein der Ort war schlecht, in einem Wirthshause wo nur fuhrleute füttern, saßen wir auf Holländisch auf ströhenen Sesseln zum Caminfeuer, wo ein kessel an einer langen Kette hieng, in welchem fleisch, Rüben etc. und allerhand beysammen en compagnie sieden muste. da bekamen wir ein klein elendes Tischchen hin, und aus dem großen Kessel wurde uns Suppe und fleisch angerichtet, und eine Bouttellie Rother Champagner gereichet, dabey aber kein Wort Teutsch, sondern pur Wallonisch, das ist, schlecht französisch gesprochen. Die Thüre war beständig offen, darum hatten wir sehr oft die Ehre, daß uns die Schweine einen Besuch abstatteten und um uns herum gruntzten. Sie können sich nichts natürlicher vorstellen, als wenn sie sich unsere Mittags Tafel, als ein gemahltes Holländer=Stück vorstellen. Wir sagten es etliche mal, daß wir wünschten, daß uns die Frau Hagenauerin in unserer damaligen Stellung sehen sollte. das werden sie sich wohl einbilden, daß wir die Mahlzeit und Arbeit für die Räder auf Lückisch oder gut Wallonisch haben bezahlen müssen. Denn dieß ist, sonderlich für fremde, das boshafteste Volck der Welt.

In Lüttich wurde beim »Schwarzen Adler« übernachtet.

In Tirlemont blieben wir übernachts, da sassen wir wieder beym Caminfeuer. Tirlemont muß seiner Zeit eine treffliche Vestung gewesen seyn: man sieht noch die zerstörten Vestungswerke, Mauern, Thürme, und die schönsten aussenwercke, daß es recht mit bedauren anzusehen ist; Es hat dieser Ort in der Mitte einen so schönen Platz, den man in vielen grossen Städten nicht findet. den folgenden Morgen waren wir bey Zeiten in Löwen. Wir blieben Mittags da, um die Stadt ein wenig zu sehen. Wir wurden in Löwen gut tractirt und gut gehalten; die Hauptkirche war die erste, wo wir hin giengen, und eine heilige Messe bekamen. Hier fangen schon die schönsten und prächtigsten Marmorsteinene Altäre, und die kostbaren Malereyen der Niederländer berühmten Mahler an. Ich kann mich mit Beschreibung derselben nicht aufhalten, sonst würden mir die finger krum, und die Zeit zu kurz. vor einem Stück, so das Abendmahl Christi vorstellet, blieb ich unbeweglich. Von Messing sieht man auch hier und durch ganz Niederland nicht nur Leuchter etc. Säulen, Postamenter etc. und anders in Menge, sondern so gar im Chor die sing=Pulte aus ganzem Stück mit dem schönsten Guß gegossen.

Die Hauptkirche in Löwen ist die gotische Peterskirche aus dem 15. Jahrhundert.

»Das Abendmahl Christi«: Gemälde (1467) von Dirk Bouts (ca. 1420–1475)

Im Mittelalter war das Rhein- und Maasgebiet wegen seiner Gelbguß- und Treibarbeiten aus Messing bekannt.

Das Rathhaus ist wegen des Alterthums schön, die Stadt vollckreich, eine starke Universität von Weltpriestern, und alles rührt sich in dieser ziemlich grossen Stadt. wir logirten im Wildenmann. Hier fängt es an, wo die Frauenzimmer Mäntel mit Caputzen über dem Kopf von Cammelot tragen, und so in ganz Brabant. Die gemeine Leute tragen Holzschuhe etc. Man hört kein anderes Wort, als brabantisch und Französisch. die Gebete in der Kirche, die Kirchen und Staats Verordnungen, was nämlich in Kirchen und was an offnen Plätzen angeschlagen wird, ist alles in brabantischer Sprache.

17. Oktober 1763

Das Rathaus stammt aus dem 15. Jahrhundert.

»Cammelot«: franz. camelot, »ein Zeug aus Ziegenhaaren, Wolle und Seide«

»brabantisch«: flämisch

Die Ansicht von Brüssel im 18. Jahrhundert

Abends waren wir bey Zeiten in Brüssel. Brüssel ist eine recht gar schöne Stadt, sie ist zwar höckericht, das ist Berg auf Berg ab. Aber das Pflaster ist unverbesserlich, man geht wie im Zimmer; Die Häuser sind meistens schön, die Gassen lang, und breit, die Stadt bey Nacht beleuchtet, und alles auf Wienerischen Fuß, auch mit den Wagen, eingerichtet. Wir logiren à l'Hôtel d'Angleterre. Der Canal, der über Mecheln und Antwerpen bis nach Holland geht, macht den Handel hier florirend, und ist bewunderungswürdig einen Canal in der Stadt zu sehen, der mit grossen Holländischen Schiffen in der Menge besetzet ist, die 2 und 3 der grösten Mastbäume und Segel haben, und wo der ganze Canal durchaus mit einer steinernen Ringmauer eingeschlossen ist, auf welcher auf Pfeilern beyderseits Laternen stehen, die bey Nacht brennen. Jietzt ist eben Markt hier, den die Brabanter den Commes nennen: Er ist ungemein schön, und man kann alles haben. Das angenehmste ist, daß die besten waaren in dem ungemein grossen Rathhause in den Gängen über ein und 2 Stiegen, in den grossen Sälen und Zimmern, wie auch im Hofe aufgerichtet, folglich so wohl waaren als die Käufer vom Wetter sicher sind, und da wird auch bey Nacht verkauft, wo alles so beleuchtet ist, als wenn es Tag wäre, welches, bey gewissen Waaren, als Silber, Gold, Spiegel, reiche Zeuge etc. ungemein schön anzusehen ist. Weiß und schwarzer Marmor und Messing, dann die Mahlereyen der berühmtesten Männer ist hier in allen Kirchen hauffenweis zu sehen. Ich habe tag und Nacht das bild vom Rubens vor Augen, so in der grossen Kirche ist, auf welchem Christus in gegenwart anderer Aposteln Petro die Schlüsseln überreichet. Die Figuren sind Lebensgrösse. Die berühmtesten Mahler, deren Kunst Stücke in dem Brabantischen anzutreffen sind, heissen: Hubert und Hans von Eyck, Peter Paul Rubens, Gerhard Honthorst, Jacob Jordans, Lucas Gassel, Jacob Grimmer, Paul Brill, Wilhelm Bemmel, Aegydius Mostart, welcher von Hulst gebürtig, Martin de Voss, Hieronymus de Wingen, Cornelius Kettel, Michael Janson, Mireveld, Antonius Van Dyck, Rembrant van Ryn, Bartholomaeus Spranger und Lucas van Leiden; In des Prinz Carls Zimmern habe ich nicht nur - schöne Niederländische Tapeten und Mahlereyen, sondern ein Zimmer mit Original-chinesischen Statuen, porcellains, Figuren und verschiedenen Seltenheiten, aber absonderlich einen Saal angetroffen, darinnen eine unbeschreibliche Menge von allen Gattungen von Naturalien-Raritäten aufbehalten sind. Ich habe viel dergleichen Naturalien Cabinetter gesehen; allein in solcher Menge, und von so vielen Gattungen wird man es nicht bald sehen. NB: des Prinz Carls Unterhaltung ist dermahl lackieren, anstreichen, Firniß machen, Essen, trinken, und wacker lachen, daß man ihn ins 3.te oder 4.te Zimmer hört.

Das »Hôtel d'Angleterre« befand sich in 81, rue de la Madeleine. Die Familie logierte hier von 4. Oktober bis 15. November.

»Commes«: Kirmes

17. Oktober 1763

Das spätgotische Rathaus aus dem 14./15. Jahrhundert befindet sich am alten Marktplatz.
»das bild vom Rubens ...«: vermutlich »Die Berufung des heiligen Petrus« in der Stiftskirche S^{tes} Michel et Gudule
»Prinz Carl«: Karl Alexander Emanuel von Lothringen (1712– 1780), Bruder des Kaisers Franz I., von 1744 bis 1780 Generalgouverneur der österreichischen Niederlande

Die geistlichen Verrichtungen sind hier noch ziemlich andächtig: man sieht es doch gleich, daß es ein Land ist, welches Ihrer Mayestät der Kayserinn zugehört. Allein Rosenkränze sind hier nicht gewöhnlich, sie sehen in den Kirchen keinen Menschen, der am Rosenkranz betet. Alles betet in Büchern: und bey der Aufwandlung schlägt kein Mensch an die Brust. In allen Kirchen sind Sessel für Geld, aber keine Stühle zu sehen: man zahlt einen Liard, das ist 2 Pfenning unsers Geldes.

Der Unterschied zwischen Sessel und Stuhl ist regional verschieden, auch im lateinischen Dictionär von 1775 heißt »sella: ein Stuhl, Sessel«. In einschlägigen Sachbüchern wird die Unterscheidung nicht erklärt. In diesem Fall meint Leopold wahrscheinlich »Betstühle« wie in Köln.

Nun haben wir genug gesehen; da ich iezt schlüsse, habe ich noch keine Antwort von ihnen auf mein schreiben, das ich aus Coblenz an Sie abgelassen habe.
Wenn sie Schreiben, so schreiben sie nach Paris unter der Addresse: Rüe st: Honoré chez Mr: le Noir Notaire vis a vis de la Rüe de l'Echelle.
Ich werde bald von hier abgehen, folglich ihnen bald von Paris schreiben; Doch nicht eher, als ich ihnen etwas zu berichten im Stande bin.
Ich empfehle mich samt Frau und Kindern, die, Gott sey gelobt, immer gesund sind, ihnen der Frau Gemahlin und sämtlichen Angehörigen und bin der alte   Mozart

Brüssl, den 4 9ber 1763

Nun sind wir schon bald 3 wochen in Brüssel aufgehalten, und der Prinz Carl hat mit mir selbst gesprochen, und gesagt, daß er in einigen Tagen meine Kinder hören will, und doch ist noch nichts geschehen. ja, es hat das Ansehen, daß gar nichts daraus wird, denn der Hr: Prinz thut nichts als jagen, fressen und sauffen, und am Ende kommt heraus, daß er kein geld hat.
Entzwischen habe ich mit guter art von hier weder abreisen, noch ein concert geben können, weil ich, auf das eigene Wort des Prinzen, seinen Entschluß habe abwarten müssen. Es ist anbey leicht zu erachten, daß eine rechtschaffne zeche in hotel werde zu bezahlen haben. und zur Reise nach paris muß ich wenigst 200 f: in Sack haben. die 2 kleinen Räder und vordere axe habe auch müssen neu machen lassen. sonst hätte etwa die Ehre gehabt in der Picardie auf dem gepflasterten Weg sitzen zu bleiben. Nun habe zwar verschiedene kostbare Presenten hier bekommen, die aber nicht zu geld machen will.

»Picardie«: Landschaft in Nordfrankreich

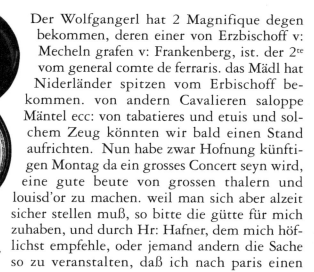

Tabaksdose aus Mozarts Besitz, 18. Jahrhundert

Der Wolfgangerl hat 2 Magnifique degen bekommen, deren einer von Erzbischoff v: Mecheln grafen v: Frankenberg, ist. der 2te vom general comte de ferraris. das Mädl hat Niderländer spitzen vom Erbischoff bekommen. von andern Cavalieren saloppe Mäntel ecc: von tabatieres und etuis und solchem Zeug könnten wir bald einen Stand aufrichten. Nun habe zwar Hofnung künftigen Montag da ein grosses Concert seyn wird, eine gute beute von grossen thalern und louisd'or zu machen. weil man sich aber alzeit sicher stellen muß, so bitte die gütte für mich zuhaben, und durch Hr: Hafner, dem mich höflichst empfehle, oder jemand andern die Sache so zu veranstalten, daß ich nach paris einen

4. November 1763

Credit Brief erhalte, um wenn ich zur höchsten Noth hier mehr geld nötig hätte und ein Schuld machen müsste, solche gleich bey meiner ankunft in paris nach Brüssel übermachen könnte.

Johann Heinrich Graf von Frankenberg und Schellendorf (1726–1804), Erzbischof von Mecheln, erhielt am 31. Januar 1763 von Maria Theresia das Großkreuz des Stephansordens verliehen. Die Familie Mozart wird ihn auf der Rückreise von London wieder besuchen.

»comte de ferraris«: General Joseph Graf von Ferraris (1726–1814)

Nun därfen Sie wenn Sie mir nach paris schreiben, die in meinem brief angezeigte adresse nicht mehr gebrauchen. sondern, können solche zu der gräfin von van: ek addresiren.
Hier haben Sie ein Modell der brabantischen und französischen Sprache, sonst hört man hier nichts, ausser einige Deutsche, die von Wienn hier am hofe sind.

Die neue Adresse: Maria Anna Felicitas Gräfin van Eyck, geb. Komtesse Arco (1741–1764), Tochter des Salzburger Oberstkämmerers, seit 1761 Gattin des Grafen Maximilian Emanuel Franz van Eyck (1711–1777), bayerischer Gesandter in Paris, in dessen Palais, rue St. Antoine, à l'Hôtel Beauvais (heute 68, rue François-Miron), die Familie Mozart zu wohnen gedachte.

Paris: Hôtel de Beauvais, rue St. Antoine. Stich von Jean Marot

1763   8. Dezember

PARIS
18. November 1763 – 10. April 1764

Paris le 8:^{me} de Decemb: 1763
Monsieur mon très cher Ami !

Nachdem wir in Brüssel ein grosses Koncert gegeben, wo der Prinz Carl gegenwärtig war, und wir an meinem Hohen Nahmens Tage um 9 Uhr mit 4 Postpferden unter der traurigen Beurlaubung vieler guten Freunde abgefahren und Abends bey hellem Tage in Mons, den 2.ten Tage eben so frühe in bon avis, den 3.ten in Gournay, und den 4.ten um halbe 4 Uhr Abends in Paris angelangt.

Am 15. November 1763 trifft die Familie abends in Mons ein, am 16. abends in Beauvais und am 17. abends in Gournay. (Die tägliche Wegstrecke betrug etwa 75–80 km). Endlich kommen sie am 18. November um ^{1}/2 4 nachmittags in Paris an, wo sie fünf Monate verbleiben. Sie steigen zuerst in dem Hause ab, wo der Basler Kupferstecher Christian von Mechel wohnte (rue St. Honoré).

Ich muß ihnen sagen, daß man alle Stunden eine Post fertig hat, weil erstlich die Posten klein sind, und weil es immer in vollem Galop gehet. Der Weg von Brüssel bis Paris kostet erstaunlich geld. Von Brüssel bis Valenciennes sind die Posten Brabantisch und wird iedes Pferd à 3 Escalin oder 45 kr: teutschen Gelds bezahlet: Hingegen sind alle Posten nicht viel über 2 Stunden lang. So bald man nach Valenciennes kommt muß man 6 Pferd nehmen; da hilft nichts dafür: hingegen Zahlt man für das Pferd 25 Sols, das ist einen Livre und 5 Sols, etwa 30 kr: teutschen Gelds. Dafür bekommt man 2 Postknechte, die bey jeder Post besondere Personen vorstellen, weil ieder nach seinem belieben gekleidet ist: blad glaubte ich es wären ein paar Mausfallträger, bald ein paar Spitzbuben aus einer Nach Comoedie, bald ein paar welsche Eseltreiber, bald ein paar verlauffene peruquiers, oder entlassene und Herren=loose laqueyen oder gar Cammerdiener, manchmahl aber ein paar abgedanckte Feldwebels; anbey aber lauter grosse wohlgewachsene Leute, die nicht anders fahren, als wenn wir die

8. Dezember 1763

Reichs Armée wären, und von einem Chor Preussen verfolgt würden. Man hat genug zu sorgen, damit man die Lohner versorge, damit sie nicht ausspringen, und die Räder ablaufen: und die bagage muß bei ieder Post Station, wenn's nicht recht vest gebunden ist, neu gebunden werden, sonst bricht alles zusammen und wird alles verdorben.

»Mausfallträger«: ein Hausierer
»Nach Comoedie«: die Posse nach einem Schauspiel
»peruquier«: Perückenmacher. Leopold könnte auch »perroquet« meinen – das wären Papageien.
»Chor«: Leopold meint hier »Corps«, einen Heertrupp.
»Lohner«: Loner, Luner, auch Lehnnagel; ein Stift, der das Ablaufen eines Rades von der Achse verhindert. Im Osttiroler Pustertal heißt er »Luna« oder »Luniger«, weil der Metallstift im Laufe der Zeit nach außen gebogen wird und die Form eines Halbmondes annimmt. Die Fuhrleute – auch die Passagiere – sollten immer mehrere Loner mitnehmen. Am 27. Oktober 1777 ermahnt Leopold seinen Sohn Wolfgang, der sich auf der Reise nach Paris gerade in Augsburg aufhält: »Lohner solltet ihr auch haben, denn sollte unterweegs einer verlohren werden, so sitzt man im Dreck!«

Je näher man nach Paris kömmt, je schöner wird die Gegend; denn man sieht viele Schlösser und Alleen, und meine Frau hatte kein geringes Vergnügen die Bauern mit Zöpfen, die Viehhüter in weissen Mänteln und grossen Schlieffern, die Bauren=Weiber mit palatin=Hauben, einen kleinen Schlieffer in der Hand, und einen stecken unter den Arm mit dem sie einen Esel vor sich her treibet, zu sehen.

»Schlieffer«: ein Muff
»palatin=Hauben«: Pelzhauben

– – Wir kammen also den 18:ten Novb: in dem Hôtel des Comte Van-Eyck an, und trafen zu gutem Glücke den Herrn Grafen und die Comtesse zu Hauße an, die uns freundlichst empfiengen, und uns ein Zimmer anwiesen, wo wir gelegen und gut wohnen.

Wir haben den Flügel der Frau Gräfin in unserm Zimmer, weil sie solchen nicht nöthig hat, der gut ist, und, wie der unsrige, 2 Manual hat.

>»Hôtel«: »der Pallast (das Haus) eines vornehmen Herrn«*
>»Flügel«: ein zweimanualiges Cembalo. Die Familie Mozart besaß eines, das Leopold beim Klavierbauer Christian Ernst Friederici (1709–1780) aus Gera gekauft hat.*

Sie möchten vielleicht wissen, wie mir Paris gefällt? – – – Wenn ich ihnen solches umständlich sagen sollte, so würde weder eine kuhhaut noch eine Rhinoceros=haut erklecken. Kauffen sie sich um 45 kr: »Johann Peter Willebrandt könig: dänisch: wirk: Justiz=Raths etc Historische Berichte und Practische Anmerkungen auf Reisen etc. Franckfurt und Leipzig 1761«. Sie werden vieles Vergnügen haben. Nur das sage ich ihnen, daß Paris ein offener Ort ist, der keine Thore hat, und der Eingang sieht einem Dorffe vollkommen ähnlich: Allein es kömmt bald anders. Die Gebäude sind unglaublich bequem gebauet, allein ich muß die Erklärung davon auf unsere mündliche Unterredung ersparen. Das Hôtel, wo wir wohnen, ist so nach der Bequemlichkeit gebauet, daß alle, auch die kleinesten Winkel, zu etwas dienlich sind.
Wohlfeil ist hier nichts als der Wein. Alle 10 Täge kommt mich die kost, ohne Brod, auf 2 Louis d'or, ohne Wein und Brod, dann täglich 2 Boutellien Wein und 4 Sols brod; die Bout: Wein à 10 Sols. Es kommt folglich unser Mittag essen 48 kr: und das Nacht Essen 48 Sols.

>»erklecken«: ausreichen*
>Die tägliche Kost kommt auf umgerechnet 2 fl.*

Das abscheulichste ist hier das trinckwasser, so aus der Seine |: so abscheulich aussieht :| geholt wird. Es sind einige Wasserträger, die das Privilegium haben, und etwas an den König bezahlen müssen; folglich mus alles Wasser bezahlet werden. Wir haben es im Hause, Es wird auf der gasse ausgeruffen: »de l'eau«. Wir sieden uns alles Trinckwasser, und lassen es abstehen, dann wird es schöner. Jeder fremder fast bekommt anfänglich einiges abweichen vom Wasser, iedes von uns bekam es auch, aber nicht Starck.

»abweichen«: Durchfall

Eine nicht geringe Comodité ist hier die so genannte kleine Post in Paris bey der ich den ganzen Tage Briefe in allen Gassen von Paris abschicken und wieder erhalten kann. Es ist dieses um so nothwendiger, weil man an manches Ort eine ganze Stund und mehr zu fahren hat, da man nun für die erste Stunde 25 Sols, und dann in der Folge für iede Stunde 20 Sols bezahlen muß, so könnte man so viel Geld ausgeben, und doch niemand antreffen, man pflegt es also vorhero einander mittels der petite poste zu benachrichten.

Der Begründer der »petite post« – sie wurde 1758 eingeführt – ist der Advokat Pierron de Chamousset. Die Stadt Paris wurde in 9 Postbezirke eingeteilt, von denen jeder seine eigene Verteilerstelle besaß. Die Postzustellung erfolgte viermal täglich.

Das Fuhrwerke, von dem ich erst gesprochen habe, sind die Fiacres, ein elendes fuhrwerck, deren ieder seine Nummer hat: damit ich weis wer mich geführt hat. ein anders sind die Carosse de remise, die sehr theuer sind. Allein ich muste schon 3 mahl eine solche haben, um bey grossen Prinzen in den Hof hineinfahren zu dürffen, dahin kein Fiacre gelassen wird und heraus halten müssen. man muß sie für den ganzen Tag nehmen, und muß 12 livres oder 2 Cronthaller bezahlen, und noch ein Trinckgeld geben.

»Fiacres«: eine zweispännige Lohnkutsche. Der Name leitet sich von dem ältesten Standplatz in Paris ab (1662): vor dem Hôtel St. Fiacre. Auf dessen Außenwand befand sich das Bild des irischen Mönchs Fiacrus.

»Carosse de remise«: ein feinerer Mietwagen

Am 24. Dezember reist die Familie Mozart nach Versailles; sie wohnen »au Cormier, rue des bons enfants«, heute rue du Peintre Lebrun. Sie wurden in einer Audienz von Louis XV. empfangen.

Schloß Versailles. Stich von Jan Caspar Philips, 1756

MARIA ANNA (NANNERL) MOZARTS REISENOTIZEN
(24. Dezember 1763 – 8. Januar 1764)

Versailles
Wie die latona die baueren in frösch verwandelt, wie der neptunus die Pferdt einhalt, die diana in bad der Raub der broserpina. sehr schöne Vasa von weisen marmor und alavaster.

Die Gruppe am »Bassin de Latone« zeigt Latona, die Göttin der Nacht und alles Verborgenen, die Mutter des Apollo und der Diana. Sie »verwandelt lycische Bauern in Frösche«. Ovid, Metamorphosen, Liber VI, Vers 317–381
Die Gruppe am »Bassin de Neptune«, Neptun oder Poseidon, der Meeresgott, Beherrscher des Meeres, Sohn des Saturn, Bruder von Jupiter und Pluto.

1. Februar   1964

»*die diana in bad*«: Diana, die Göttin der Jagd, Beschützerin der Jungfräulichkeit. Ovid, Metamorphosen, Liber III, Vers 155 ff.
Proserpina, Göttin der Unterwelt, Tochter Jupiters und der Ceres, von Pluto geliebt und geraubt. Ovid, Metamorphosen, Liber V, Vers 385 ff.
»*alavaster*«: Alabaster, Edelgips

Wolfgang Amadeus Mozart, 1764/65.
Ölbildnis von Johann Zoffany. Mozart hält ein Vogelnest
mit Nachtigalleneiern in der Hand.

Am 8. Januar 1764 kehrt die Familie Mozart nach Paris zurück. Leopold berichtet über die Ereignisse in Versailles.

A Madame / Madame Marie Therese / Hagenauer / Salzbourg / en Baviere.
                                   Paris den 1 febr: 1764
    Madame!
Man muß nicht immer an Mannspersonen schreiben, sondern sich auch des schönen und andächtigen Geschlechtes erinnern. Ob die Frauenzimmer in Paris schön sind, kann ich ihnen mit

Grund nicht sagen; denn sie sind, wider alle Natur, wie die Berchtesgadner Docken so gemahlt, daß auch eine von Natur schöne Person, durch diese garstige Zierlichkeit den Augen eines ehrlichen deutschen unerträglich wird. Was die Andacht anbelanget, so kann ich versichern, daß man gar keine Mühe haben wird die Wunderwerke der Französischen Heiliginen zu untersuchen; die grössten Wunder wirken diejenigen die weder Jungfern, weder Frauen noch Wittwen sind; und diese Wunder geschehen alle bey lebendigem Leibe. wir wollen seiner Zeit klärer aus dieser Sache sprechen. genug! man hat Mühe genug hier zu unterscheiden, wer die Frau vom Hause ist. jeder lebt wie er will, und |: wenn Gott nicht sonderheit: gnädig ist :| so gehet es dem Staat von Frankreich, wie dem ehemaligen Persischen Reiche.

Das Reichsfürstentum Salzburg gehörte zum bayerischen Kreis des deutschen Reiches.

»Berchtesgadner Docken«: holzgeschnitzte Puppen

Mit »so gehet es dem Staat von Frankreich« meint Leopold den Sittenverfall, einer der Ursachen der Revolution von 1789.

»wie dem ... Persischen Reiche«: nach der Eroberung durch Alexander den Großen

Ich würde seit meinem letztern aus versailles ihnen ohnfehlbar wieder geschrieben haben, wenn ich nicht immer gezaudert hätte, um den Ausgang unserer affaire zu Versailles abzuwarten und folglich ihnen benachrichten zu können. Allein, da hier alles, noch mehr als an anderen Höfen, auf der Schneckenpost gehet, und sonderlich diese Sache durch die Menu des plaisirs muß besorget werden; so muß man gedult haben. Wenn die Erkänntlichkeit dem Vergnügen gleichkommt, welches meine Kinder dem Hofe gemacht haben, so muß es sehr gut ausfallen. Es ist wohl zu merken, daß hier keineswegs der Gebrauch ist den Königl: Herrschaften die Hände zu küssen oder sie au Passage, wie sie es nennen, wenn sie nämlich in die kirche durch die Gallerie und könig: apartements gehen weder mit überreichung einer Bittschriffte zu beunruhigen, noch solche gar zu sprechen.

1. Februar 1964

wie es dann auch hier nicht üblich ist weder dem König noch iemand von der könig: Familie durch Beugung des Hauptes oder der Knie einige Ehrenbezeugung zu erweisen. sondern man bleibt aufrecht ohne mindeste Bewegung stehen, und hat in solcher Stellung die Freyheit den könig und seine Familie hart bey sich vorbey gehen zu sehen. Sie können sich demnach leicht einbilden was es denen in ihre Hofgebräuche verliebte Franzosen für einen Eindruck und Verwunderung muß gemacht haben, wenn die Töchter des Königs nicht nur in ihren Zimmern, sondern in der öffent: passage bey Erblickung meiner Kinder stille gehalten, sich ihnen genähert, sich nicht nur die Hände küssen lassen, sondern solche geküsst und sich ohne zahl küssen lassen. Eben das nämliche ist von der Madame Dauphine zu verstehen. das Ausserordentlichste aber schien den H: H: Franzosen, daß au grand Couvert, welches am neuen Jahrestage nachts ware, nicht nur uns allen bis an die könig: tafel hin mußte Platz gemacht werden; sondern, daß mein H: Wolfgangus immer neben der Königin zu stehen, mit ihr beständig zu sprechen und sie zu unterhalten und ihr öfters die Hände zu küssen, und die Speisen, so sie ihm von der tafel gab, neben ihr zu verzehren die Gnade hatte. Die Königin spricht so gut teutsch als wir. da nun aber der könig nichts davon weis; so verdollmetschte die königin ihm alles was unser Heldenmütiger Wolfg: sprach. bey ihm stand ich: auf der anderen seyte des königs, wo an der seyte der M: Dauphin und Mad[le]: Adelhaide saß, stand meine Frau und meine tochter. Nun haben sie zu wissen, daß der könig niemals öffent: speist; als alle Sontage nachts speist die ganze könig: Familie beysammen. Doch wird nicht gar jederman dazu eingelassen. Wenn nun aber ein grosses Fest ist, als der NeujahrsTag, Ostern, Pfingsten, die NahmensTäge etc. so heist es das grosse Couvert, dazu werden alle Leute von Unterschied eingelassen: allein der Platz ist nicht gross, folglich ist er bald voll. Wir kammen spät, man muste uns demnach durch die Schweitzer Platz machen und man führte uns durch den Saal in das Zimmer, das hart an der könig: Tafel ist, und wodurch die Herrschaft in den Saal kommt. Im Vorbeygehen sprachen sie mit unserm Wolfg: und dann giengen wir hinter ihnen nach zur tafel.

1764   1. Februar

»*affaire zu Versailles*«: franz. *affaire*, das Geschäft, die Angelegenheit

»*Menu des plaisir*«: eine eigene Abteilung der Hofverwaltung

Aus den »*Comptes des Menus plaisirs du roi*«: *Sieur Mozart la somme 1.200 livres pour avoir fait exécuter de la musique par ses enfants en présence de la famille royale.* (1.200 livres = 50 Louis d'or)

»*Madame Dauphine*«: Maria Josepha von Sachsen, Gemahlin des Dauphin Louis

»*die Königin*«: Maria Leszczynska (1703–1768), Tochter des Königs von Polen Stanislaus I. Sie wurde 1725 mit dem 15jährigen Louis XV. verheiratet.

»*Mad^{le} Adelhaide*«: Madame Adelaide (1732–1800), Tochter von Louis XV., Tante von Louis XVI.

»*die Schweitzer*«: das Corps der Schweizer Garde

Marie Leszczynska,
Königin von Frankreich.
Ölbildnis von Carle van Loo

Ludwig XV. Pastellbildnis
von Maurice Quentin de la Tour

Daß ich ihnen übrigens Versailles beschreiben sollte, das können sie ohnmöglich von mir verlangen. nur das will ich ihnen sagen, daß wir am Weynachtabend da angelanget sind, und in der könig: Capelle der Metten und der 3 heil: Messen beygewohnet

1. Februar 1964

haben. Wir waren in der könig: Gallerie als der König von der Madame Dauphine zurück kamm, wo er ihr wegen der erhaltenen Nachricht des Todfalls ihres Bruders des Churf: in Sachsen Nachricht gab. Ich hörte da eine schlechte und gute Musik. alles was mit einzeln stimmen war und einer Arie gleichen sollte, war leer, frostig und elend folglich französisch, die Chor aber sind alle gut, und recht gut. ich bin täglich mit meinem kleinen Mann desswegen in die könig: Capelle zu des Königs Messe gegangen, um die chor zu hören die in der Mottet, die allzeit gemacht wird, zu hören. des Königs Messe ist um 1 uhr. gehet er aber auf die Jagd, so ist seine Messe um 10 uhr und der königin Messe um halbe 1 uhr. seiner Zeit von allem diesem ein mehreres. In 16 tägen hat es uns in Versailles gegen die 12 Louis d'or gekostet. Vielleicht ist es ihnen zu viel und unbegreiflich? – –

Ludwig XV. begibt sich auf die Jagd in den Wald von Compiègne, Ausschnitt aus einem zeitgenössischen Wandteppich

Der Christmette folgten drei Messen: eine in der Nacht, die später zur Mitternachtsmette wurde, eine in der Morgendämmerung und eine am Tage.
Der Bruder »der Madame Dauphine« ist Friedrich Christian, Kurfürst von Sachsen (1722–1763).
Die königliche Kapelle im Nordflügel des Schlosses wurde 1710 von Robert de Cotte vollendet. Wolfgang spielte »bey anderthalb Stunden lang die Orgel in der Königl. Capelle zu Versailles«.
12 Louis d'or sind etwa 100 fl.
in Versailles sind keine Carosse de remise noch Fiacre sondern lauter Sesseltrager. für ieden gang müssen 12 Sols bezahlt werde. itzt werden sie bald einsehen, daß uns mancher Tag, da wir wo nicht 3 doch allzeit 2 sessel haben musten, die sessel auf einen Laubthaler und mehr gekommen ist: dann es war immer böses Wetter. wenn sie nun 4 neue schwarze Kleider dazu rechnen;
Die »schwarzen Kleider« waren infolge der Hoftrauer nötig.
so werden sie sich nimmer wundern, wenn uns die Reise nach Versailles auf 26 bis 27 Louis d'or zu stehen kommt. Nun wollen wir sehen was uns dafür von Hof einkommet. Außer dem was wir vom Hofe zu hofen haben, haben wir in Versailles mehr nicht als 12 Louis d'or in Geld eingenommen. Dann hat mein meister Wolfgang von der Mad[me] la Contesse de Tessé eine Goldene Tabattier, eine Goldene Uhr, die, wegen ihrer kleine kostbar ist, dann die Nannerl ein ungemein schönes starkes ganz Goldenes Zahnstiererbixl bekommen. Von einer anderen Dame hat der Wolfg: einen silbernen Reissschreibzeug und die Nannerl ein ungemein feines schildkrötenes tabattierl mit gold eingelegt bekommen. unsere Tabattiers sind übrigens mit einer rothen mit goldenen Reiffen, mit einer von weis nicht was für glas=artigen Materie in gold gefast, mit einer von Laque Martin mit den schönsten blumen von gefärbtem Gold und verschiedenen Hirten=Instrumenten eingelegt, vermehret worden. dazu kommt noch ein in gold gefasstes Carniol Ringel mit einem antique=kopf und einer Menge kleinigkeiten die für nichts achte, als Degenbänder; bänder und Armmaschen, blüml zur Hauben und halsdüchl etc. für die Nannerl: etc:

1. Februar   1964

Adrienne-Catherine Comtesse de Tessé (1741–1814) war die Ehrendame der Dauphine, Geliebte des Louis François de Bourbon, Prince de Conti (1717–1776).

Daß man übrigens hier ganz besondere schöne und kostbare Sachen sieht, das werden sie sich wohl einbilden, man sieht aber auch erstaunliche Narrheiten. die Frauenzimmer tragen nicht nur im Winter die Kleider mit Pelz garniert, sondern so gar halskregel oder Halsbindl und statt der einsteckblüml alles dergleich von Pelz gemacht in den haren auch statt der Maschen an den Armen etc: das lächerlichste aber ist ein degen band, |: welche hier Mode sind :| mit feinem Peltz um und um ausgeschlagen zu sehen. das wird gut seyn, daß der degen nicht eingefriert. zu dieser ihrer närrischen Mode in allen Sachen kommt noch die grosse liebe zur Bequemlichkeit, welche verursacht, daß diese nation auch die Stimme der Natur nicht mehr höret, und desswegen giebt iedermann in Paris die neugebohrenen Kinder aufs land zur Aufziehung. Es sind eigens geschworne so genannte führerinnen, die solche Kinder auf das Land führen, jede hat ein grosses Buch dahinein Vatter und Mutter etc. dan am Orte wo das Kind hingebracht wird der Nahme der Amme, oder besser zu sagen, des Bauern und seines Weibs, von dem Parocho loci eingeschrieben wird. und das thun Hohe und niedere standsPersonen und man zahlt ein bagatelle. Man sieht aber auch die erbärmlichsten folgen davon; sie werden nicht bald einen Ort finden, der mit so vielen elenden und gestimmelten Personen angefüllet ist. Sie sind kaum eine Minute in der kirche, und gehen kaum durch ein paar Strassen, so kommt ein blinder, ein lahmer ein Hinkender, ein halb verfaulter bettler, oder es liegt einer auf der strasse dem die schweine als ein Kind eine Hand weggefressen, ein anderer der als ein Kind |: da der nährvatter und die seinigen im Felde bey der Arbeit waren :| in das Camin=feuer umgefallen und sich einen halben arm weggebrannt etc: und eine Menge solcher Leute, die ich aus Eckl im Vorbeygehen nicht anschaue.

»Parocho loci«: Ortspfarrer

Nun mache ich einen Absprung von dem Hässlichen auf das reitzende, und zwar auf dasjenige was einen König gereizet hat. Sie möchten doch auch wissen, wie die Md^me Marquise Pampadour aussiehet, nicht wahr? – – Sie muß recht gar schön gewesen seyn, denn sie ist noch sauber. Sie ist grosser ansehnlicher Person, sie ist fett, wohl bey Leib, aber sehr proportioniert, blond, hat vieles von der ehemaligen Freysauf tresel und in den Augen einige ähnlichkeit mit der Kayserin Mayst: Sie giebt sich viele Ehre und hat einen ungemeinen Geist. ihre Zimmer in Versailles sind wie ein Paradiß, gegen dem garten zu; und in Paris in der Faubourg S^t. Honoré ein ungemein prächtiges Hôtel so ganz neu aufgebauet ist. in dem Zimmer wo das Clavessin war, |: welches ganz vergoldet und ungemein künstlich Laquiert und gemahlt ist :| ist ihr Portrait in Lebensgrösse, und an der Seyte das Portrait des Königs.

Marquise de Pompadour. Stich von Claude Antoine Littrat de Montigny nach Johann Eleazar Schenau, 1764

»Madame Pampadour«: Jeanne Antoinette Poisson, seit 1745 Marquise de Pompadour (1721–1764), Tochter eines Stallmeisters des Herzogs von Orléans. Nach der Scheidung von Lenormand d'Etioles wurde sie die Geliebte Ludwig XV. mit der offiziellen Bezeichnung »maitresse en titre« und hatte bedeutenden Einfluß auf die Regierungsgeschäfte. Das Bündnis Frankreich mit Österreich 1756 war großteils ihr Werk.

1. Februar 1964

»Freysauf tresel«: *Maria Theresia Freysauf von Neudegg lebte 1712–1757 in Salzburg.*

Die »Kayserin Mayst«: Maria Theresia (1740–1780), Gemahlin Kaiser Franz I. Stephans, Königin von Böhmen und Ungarn

Das »Hôtel«: heute das Palais d'Elysée, die Residenz des Präsidenten der Republik, erbaut 1718, Neubauten 1754 und 1763. Die Familie hat das Palais besichtigt, Wolfgang vielleicht auf dem »Clavessin«, einem Cembalo, gespielt.

Nun was anders! – – hier ist ein beständiger Krieg zwischen der Italiänischen und französischen Musik. die ganze franz: Music ist keinen T – – werth; man fangt aber nun an grausam abzuändern: die franzosen fangen nun an stark zu wanken, und es wird in 10 bis 15 Jahren der französische Geschmak, wie hoffe, völlig erlöschen. die teutschen spielen in Herausgaabe ihrer Composition dem Meister. darunter Mr: Schobert – Mr. Eckard. Mr: Hannauer fürs Clavier, Mr: Hochbrucker und Mr: Mayr für die Harpfe sehr beliebt sind. Mr: le grand ein franz: Clavierist hat seinen goût gänzlich verlassen, und seine Sonaten sind nach unserem geschmackt. Mr: Schoberth. Mr. Eckard, Mr: le grand und Mr: Hochbrucker haben ihre gestochne Sonaten alle zu uns gebracht und meinen Kindern verehret.

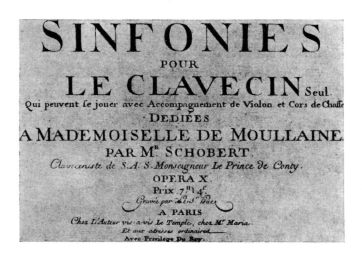

1764 1. Februar

Johann Schobert, geboren um 1740 in Schlesien, kam etwa 1760 nach Paris, heiratete eine Französin und wohnte in der rue du Temple. Er war zu seiner Zeit ein bedeutender Komponist und hatte Einfluß auf den jungen Mozart. Auch Beethoven schöpfte in seiner Bonner Zeit aus der damals weit verbreiteten Musik wertvolle Anregungen. Schobert starb am 28. August 1767 in Paris gemeinsam mit seiner Frau, einem seiner Kinder, einer Dienstmagd und vier Bekannten an einer Pilzvergiftung. In seinem Pasticcio-Konzert KV 39 benutzte Mozart Schoberts ersten Satz von op. XVII Nr. 2 als Modell für den langsamen Satz.

Johann Gottfried Eckard, geboren am 21. Januar 1735 in Augsburg, kam 1758 mit dem Augsburger Klavier- und Orgelbauer Johann Andreas Stein nach Paris. Durch sein Klavierspiel erregte er so großes Aufsehen, daß er beschloß, sich in Paris niederzulassen. Er starb am 24. Juli 1809.

Leontzi Honauer, geboren 1735, war von 1760 bis 1790 als Komponist und Pianist in Paris tätig. Mozart hat in seinen Pasticcio-Konzerten KV 37, 40 und 41 einige Sonatensätze Honauers übernommen.

Christian Hochbrucker war Harfenist und Komponist, später »maître de harpe de la reine«.

Philipp Jakob Mayr (1737–1819) kam aus Straßburg.

Jean-Pierre Legrand, geboren am 8. Januar 1734 in Tarbes, war Komponist und seit April 1758 Organist an St. Germain-des-Prés. Später ließ sich Legrand in Marseille nieder, war als »maître de musique« tätig und starb am 31. Juli 1809.

Die Pasticcio-Konzerte KV 37, 39, 40 und 41 entstanden im April, Juni und Juli 1767 in Salzburg.

Nun sind 4 Sonaten von Mr: Wolfgang Mozart beym stechen. stellen sie sich den Lermen für, den diese Sonaten in der Welt machen werden, wann am Titlblat stehet daß es ein Werk eines Kindes von 7 Jahren ist, und wann man die unglaubigen herausfordert eine Probe diessfals zu unternehmen, wie es bereits geschehen ist, wo er jemand ein Menuet, oder sonst etwas niederschreiben lässt, und dann gleich |: ohne das Clavier zu berühren :| den Bass, und wenn man will auch das 2te Violin darunter setzet.

1. Februar 1964

Sie werden seiner Zeit hören wie gut diese Sonaten sind; ein Andante ist dabey von einem ganz sonderbaren goût. Und ich kann ihnen sagen liebste Frau Hagenauerin, daß Gott täglich neue Wunder an diesem Kinde wirket. bis wir |: wenn Gott will :| nach Hause kommen, ist er im Stande Hofdienste zu verrichten. Er accompagniert wirk: allezeit bey öffent: Concerten. Er transponirt so gar à prima vista die Arien beym accompagniren; und aller Orten legt man ihm bald Ital: bald französ: Stücke vor, die er vom blat=weg spielet. – –

Die »4 Sonaten« sind die Sonaten C-dur, D-dur, B-dur und G-dur für Klavier und Violine, KV 6 bis 9. Die erste Sonate komponierte Wolfgang ab Ende 1763 teilweise in Salzburg, Brüssel und Paris, die anderen Ende 1763 und Anfang 1764 in Paris als »Sonates pour le Clavecin / Qui peuvent se jouer aves l'Accompagnement de Violon«.

Die ersten zwei Sonaten, Opus I, sind Madame Victoire gewidmet, der zweiten Tochter von Louis XV. Die dritte und vierte als Opus II der »Comtesse de Tessé«, Ehrendame der Dauphine. Sie wurden im Februar 1764 in Paris auf Vater Mozarts Kosten von »Mme. Vendôme« gestochen.

»ein Andante ... von einem ganz sonderbarem goût«: Damit könnte jeder langsame Satz dieser Sonaten gemeint sein ...

Mein Mädl spielt die schwersten Stücke, die wir itzt von Schoberth und Eckard etc. haben, darunter die Eckardischen Stücke noch die schwereren sind mit einer unglaublichen Deutlichkeit, und so, daß der niederträchtige Schoberth seine Eyfersucht und seinen Neid nicht bergen kann und sich bey Mr. Eckard, der ein ehrlicher Mann ist, und bey vielen Leuten zum Gelächter macht. Ich werde ihnen viele umstände, die hier zu lang wären, mit mehrerem erzehlen. Mr: Schoberth ist gar nicht derjenige, der er seyn soll. Er schmeichelt ins Gesicht, und ist der fälscheste Mensch; Seine Religion aber ist nach der Mode. Gott bekehre ihn! –

Der Anlaß für den Zorn Leopolds ist nicht bekannt ...

Nun geht der Platz auf dem Papier zu Ende. Ich muß ihnen doch noch sagen, daß der hiesige Erzbischof ins Elend verwiesen, oder gelinder zu sprechen exiliert worden. Er hat eine Schmähschrift wider das Parlement zu gunsten der H: Jesuiten drucken lassen, welche ihm diese Strafe über den Hals gezogen. Nun giebt ihm, so viel ich höre, fast iederman unrecht, weil, der könig, welcher Nachricht hatte, daß er die schrift publiciren will, ihm davon freundschaftlich hat abrathen lassen, er aber dennoch damit fortgefahren ist und folglich den Kopf mit Gewalt wider die Mauer gestossen hat. der König hat geeilet ihn zu exiliren, sonst hätte ihn das Parlament arrettiert. Der weltliche Arm ist hier ein bischen gar zu groß. Hingegen lauffen die geistlichen hier einzeln auf der gassen herum, nehmen die Kutten bis unter die Achseln hinauf, setzen den Hut nach der seyte, und unterscheiden sich gar nichts von einem weltlichen gassentretter.
leben sie wohl, und danken sie gott, daß das Pappier zu Ende ist, sonst müsten sie in der That die Augengläser aufstecken.
Ist es zu Salzb: auch nicht kalt? – wie wir sind hieher gekommen hat es geschnien, seit dem aber gar niemals mehr. Es ist ein beständiger Herbst hier; doch meist neblich und unbeständiges Wetter. Es ist aber auch gut daß es hier nicht sehr Kalt macht, denn daß Klafter Holz Kostet 1 Louis d'or.
ich schliesse denn 3. Feb: um 9 uhr Morgens.

22. Februar   1764

Christophe de Beaumont (1703–1781) war seit 1746 Erzbischof von Paris.
»exilieren«: verweisen, verbannen, landesverweisen
Die Konfiskation des Vermögens der Jesuiten wurde 1761 verfügt, die Auflösungsorder im August 1762 verkündet.

Monsieur, Paris den 22ten Februa: 1764

Es kann nicht immer die Sonne scheinen, es kommen oft Wolcken, die sich aber wieder verziechen. Ich eylete gar nicht den Traurigen Todfall der Frau Gräfin von Van-Eyck zu berichten, ich dachte es ware genug, daß ich die Herzen der Herren Salzburger zu dieser traurigen Begebenheit vorbereitet habe, ich ließ es anderen über, das Ende zu berichten.
Die Frau Gräfin ist den 6.ten Febr: Montags Abends gegen 7 Uhr gestorben, und den 7.ten als den Dienstag darauf um 11 Uhr in die Truche gelegt, eingenagelt, und um 7 $^1/_2$ Abends begraben worden, ohne das sich iemand die Mühe genommen hätte, sie in die Fußsohlen zu stechen, und zu versuchen, ob sie wohl würcklich Todt ist;
Genug! Man stirbt nirgends gerne, allein hier sieht es für einen ehrlichen Deutschen, wenn er erkrancket, oder gar stirbt, gedoppelt traurig aus. Übrigens hat der Todtfall der seel: Frau Gräfin die Unbässlichkeit des Herrn Grafen nach sich gezogen, die sich nun aber nach und nach zur besserung anlässt.

Maria Anna Felicitas Gräfin van Eyck war die Gastgeberin der Familie Mozart in ihrem Palais.

Mich hat bald darauf auch eine gähe und unvermuthete Begebenheit in einige Verlegenheit gesetzet. Meinen lieben Wolfgang überfühle ein gählinges Halswehe und Carthar, daß er, da er den Carthar in der Frühe den 16ten merckte, in der Nacht ein solches stecken im Hals bekam, daß er in Gefahr war zu ersticken: Allein der Schleim, der ihm auf einmahl ledig wurde, und den er nicht herausbringen kunnte, fühle in den Magen zurück; Denn ich nahm ihn geschwind aus dem Bethe und

führte ihn im Zimmer hin und wieder. Die Hitze, die ganz erstaunlich war, dämpfte ich nach und nach mit dem pulvre antispas: Hallen: und Gott Lob, in 4 Tagen stund er wieder vom Bethe auf, und befindet sich nun wieder besser. Zur Vorsorge schrieb ich auf der kleine Post unserm Freunde dem Teutschen Herrn Medico Herrnschwand, der Medécin des gardes Suißes ist. Er fand aber nicht nöthig öfter als 2 mahl zu kommen. Ich habe ihn dann mit ein wenig aqua laxat: Vien: laxiren machen; nun ist er Gott Lob, gut. Mein Mädl ist auch mit Carthar beunruhiget, allein ohne alteration.
Und es ist kein wunder, denn den 18.ten Novb: sind wir in Paris angelanget, und dann hat es etliche Täge einen starcken schnee gemacht, der aber gleich wieder weg ware; und seit der zeit hat man in Paris keinen Schnee gesehen; es war immer neblichtes oder naßes Wetter und so gelinde, daß der Herbst in Teutschland viel kälter ist: ja es waren einige auserordentliche schöne warme Täge, die aber gleich wieder in das abscheulichste Regenwetter änderten, so daß hier kein Mensch fast jemals ausgehet ohne das seidene Regendach in den Sack zu stecken. Aus dieser Ursache sind auch die bequemmen seidenen Regendächer aufgekommen; Weil das Wetter in Paris mit der Gemüthsart ihrer Einwohner völlig übereinsstimmen und der Veränderung unterworfen ist. Die Catharr sind hier schlimmer und gefährlicher als in Teutschland, Es sind gemeiniglich hitzige Cartharr, und da die hiesigen Herren Medici sehr das Aderlassen lieben, so schicken sie manchen durch die Aderlass in die Ewigkeit.

Aderlaßbesteck mit 3 Lanzetten   *Aderlaßschnepper*

22. Februar 1764

Das »pulvre antispas: Hallen:« ist wahrscheinlich identisch mit dem Pulvis bezvardicus Hallensis. Es enthält Salpeter, Kaliumsulfat und Zinnober, gepulverte Austernschalen und ein Antimonpräparat. Die Wirkung war vorbeugend und heilend bei krampfartigen Zuständen.

Anton Gabriel Herrenschwand (1715–1789) war ein Arzt aus der Schweiz.

»aqua laxat: Vien:«: Aqua laxativa Viennensis besteht aus Sennesblättern, kleinen Weinbeeren, Eichenfarnwurzel, Korianderfrüchten und Weinstein. Die Zutaten werden mit kochendem Wasser übergossen und nach einigen Stunden abgeseiht, worauf in der klaren Flüssigkeit Manna gelöst wird: ein mildes Abführmittel.

Der Regenschirm wurde um Mitte des 18. Jahrhunderts aus England eingeführt.

Zu folge dessienigen, was ich ihnen wegen des nassen Wetters geschrieben habe, mus ich ihnen noch sagen, daß die Seine hier vor etwa 14 Täge so erstaunlich angeloffen ware, daß man auf dem Plaz la gréve mit Schiffen fahren muste, und viele gegenden der Stadt, gegen dem fluss zu, nicht paßiren konte. Was das Wasser um Franckfurt und in Holland auch anderer Orts für schaden gethan, das werden sie in Zeitungen genug lesen.

In Zeit von 3 bis höchstens 4 Wochen müssen, wenn Gott will, wichtige Sachen vorgehen; wir haben gut angebauet, nun hoffen wir auch eine gute Ärnte. Man mus alles nehmen wie es kommt. Ich würde auch 12 Louis d'or wenigst mehr haben, wenn meine Kinder nicht hätten einige Täge das Haus hütten müssen: Ich dancke Gott, daß sie besser sind – – – wissen sie, was die Leute immer hier wollen? – – Sie wollen mich bereden meinen Bueben die Blattern einpropfen zu lassen. Nachdem ich nun aber meinen wiederwillen gegen dießen Vortrag genug habe zu verstehen gegeben, so lassen sie mich zu frieden. Hier ist es die allgemeine Mode, nur, daß man es ohne Erlaubniß nicht in der Stadt, sondern auf der Campagne, thun darf: dieß aber nur darum, weil wegen dem guten Erfolg der Einpropfung, die Leute hauffenweis und zu gleicher Zeit, sowohl kleinen als erwachsenen, die Blattern haben einpropfen lassen, so daß in einem Hause manchmal,

3, 4, und mehr Personen in Blattern lagen. Da nun dieß üble folgen hätte nach sich ziechen können, so mus es auf der campagne geschehen, oder bey dem Intendant de Paris angezeigt werden. Ich meinestheils lasse es der Gnade Gottes über. Es hänget von S:r göttlichen Gnade ab, ob er dieß Wunder der natur, so er in die Welt gesetzet hat, auch darinnen erhalten, oder zu sich nehmen will. Von mir wird er gewiß so beobachtet, daß es eines ist, ob wir in Salzburg oder in welchem Ort der Welt wir sind. Das ist es auch, was die Reisen so kostbar machet. Wer diese Reisen nicht gemacht hat, der kann es sich nicht vorstellen, was alles dazu erforderet wird. Man muß die Hände beständig im Geldbeutl, und seine 5 Sünnen immer wohl beysammen, und ohnaufhörlich einen Plan auf viele Monate hinein vor Augen haben; einen Plan aber, den man nach Veränderung der Umstände auch gleich verändern kann.

»Blattern einpropfen«: Inokulation. Jan Ingen-Housz (1730–1799) war ein englischer Inoculateur, der im September 1768 von Maria Theresia nach Wien berufen wurde, wo er zuerst 200 arme Kinder impfte, dann zwei Erzherzöge und die Tochter Josephs II. – sie verstarb allerdings zwei Jahre später.

Nun kommt etwas anders. Wundern sie sich nicht, wenn alles unter einander hinschreibe, man muß in solchen Fällen die Gedancken hinschreiben, wie sie kommen, sonst fallen sie aus dem Sinne.
Man hat in Teutschland das Vorurtheil, daß die Franzosen keine kälte ertragen können; Allein dieß ist ein Vorurtheil, welches Augenblicklich wegfällt, wenn man den ganzen Winter alle Boutiquen offen siehet. Der Kaufmann etc. nicht alleine, sonder Schneider, Schuster, Satler, Messerschmied, Goldschmied etc. en fin alle Arten der Gewerbe Arbeiten in offenen Boutiquen und vor aller Menschen Augen, so das alle Boutiquen eben so viel Zimmer sind, wo man Jahr aus Jahr ein, bey Hitze und kälte die Menschen arbeiten siehet. so bald es Abend wird, sind alle Boutiquen beleuchtet, so daß in mancher 6, 7, 8, bis 10 Liechter brennen, in manchen vielle Wandleuchter, und in der mitte ein schöner Kronleuchter hanget. Bis gegen 10 Uhr sind die meisten

22. Februar 1764

Boutiquen offen. die Boutiquen der Eß-waren bleiben bis 11 Uhr offen. Hier haben nun die Frauenzimmer nichts als chauffretten unter den füssen: das sind kleine hölzerne und mit blech gefütterte Kästchen die durchlöchert sind, darin ein gliender Ziegel, oder heisser Aschen, oder erdene Kästl mit Glut gefüllt sind. So bald ein heller Tag ist, so sehen sie den ganzen Winter, auch beym kältesten Winde, eine unzahlbahre Menge Menschen beyderley Geschlechts und Alters in dem Garten der Thuillerie, im Palais Royal, Boulevard und andern promenaden spazieren gehen. Sagen sie mir nun, ob die Franzosen sich vor der kälte scheuen. Beym mindesten Sonnscheine sind alle Fenster offen. und bey dem kältesten Winde, sind die Thüren offen, und sie sitzen beym Caminfeuer.

LES PROMENADES DES THUILLERIES

Das Palais des Tuileries, das ehemalige Schloß der französischen Könige, liegt auf dem rechten Seineufer. Es wurde von Katharina von Medici (1519–1589) durch Philibert de Lorme 1564 begonnen und von Jean Bullaut 1570 fortgeführt und später erweitert.
Das Palais-Royal wurde von 1629 bis 1634 von Jaques Le Mercier für Kardinal Richelieu erbaut, später vergrößert und kam in den Besitz des Herzogs Philipp I. von Orléans. In den von ihm errichteten Kolonnaden rund um den Garten mieteten sich zahlreiche Cafés ein.

Paris den 4.ten Martii 1764

Dero Zuschrift habe den 3.ten dieß erhalten. Vor allen muß ich ihnen sagen, daß die Nachricht von der Reiß des H: Adlgasser mir das gröste vergnügen gemacht hat. Es lebe unser allergnädigster Fürst! Gott Lob und Danck! mich kann nichts mehrers rühren als wenn ich sehe, daß ein grosser Fürst, dem Gott die Mittel und Kräfte dazu in die Hände gegeben hat, denen Talenten forthilft, die Gott aus einer besonderen Gnade, in manche ehrliche seele gepflanzet hat. Nun wünsche ich nur das die Mdlle: Fesemayerin, oder sogenannte Hofstaller Nannerl auch noch ein Jahr in Venedig zu verbleiben hat, so wird Salzburg, wenn ich nur einen einzigen Wunsch seiner Zeit dabey erfüllet sehen könnte, ein Hof seyn, der mit seinen eigenen Leuten ein erstaunliches aufsehen in Teutschland machen wird. Die Neuigkeiten von Accessisten höre ich nicht gerne, denn in solchem falle versetzet oft ein elendes Subjectum, dem allerbesten, so gählings zum vorscheine kommt, den Platz. Und wer leidet darunter? – – der Fürst! man mus nicht auf die Menge, sondern auf die Güte und brauchbarkeit sehen. Die ietzige Music und ihre production erfordert ganz andere Leute. Mein Gott! Dieß sind Leute, die man seiner Zeit für Calcanten brauchen kann, und die, wenn man eine opera mit Ehre auffführen will, gahr nicht mitspielen können, und keine Note treffen. Wenn ich Fürst wäre, müste ieder nicht allein sich mit einen Concert bey der Tafel produciren, sondern ganz allein das erste Violin zu einer Aria, die man ihm 1.a vista auflegt, bey der Tafel accompagniren. Dieß würde unserm Fürsten anfänglich gelegenheit zum lachen geben, nach der Zeit aber würde es alle, die minus habentes sind, abhalten etwas zu verlangen, dem sie nicht gewachsen sind. Ausserdem unterstehen sich leute ein so grossen Fürsten zu bedienen, und um Musick Dienste anzuhalten, die nicht nur ein gemeiner Prelat für seinen Bedienten, ja die nicht einmahl der Thurnermeister bey seinen Hochzeit fiedlereyen gebrauchen will. Verzeihen sie, der Eyfer für die Ehre unsers gnädigsten Fürsten, und für sein Interesse hat mich völlig hingerissen.

4. März 1764

Anton Cajetan Adlgasser, geboren am 1. Oktober 1729 in Inzell bei Traunstein (Oberbayern), gestorben am 22. Dezember 1777 in Salzburg. Er war Kapellknabe in Salzburg und Schüler von Johann Ernst Eberlin, wurde 1750 Hoforganist und 1754 Nachfolger Eberlins als Domorganist und dessen Schwiegersohn. Adlgasser war mit der Familie Mozart eng befreundet. Er trat im Januar 1764 mit Unterstützung des Fürsterzbischofs Sigismund eine Reise nach Italien an, von der er 1765 zurückkehrte. Am 17. Januar 1779 wurde Wolfgang Amadeus Mozart Nachfolger Adlgassers als Hoforganist.

»Es lebe unser allergnädigster Fürst«: Erzbischof und Landesfürst war Sigismund Christoph Graf Schrattenbach (1698–1771). Er stammte aus steirischem Adel, studierte in Salzburg und Rom, wurde 1750 Salzburger Domdechant und 1753 Erzbischof. Er war ein Freund von Musik und Theater. Das Salzburger Stadtbild wurde vor allem durch die Errichtung des Sigmunds- oder Neutores geprägt.

Stich von Joseph und Johann Klauber, um 1760

Maria Anna Fesemayr hatte ebenfalls ein Stipendium für eine Gesangsausbildung in Italien erhalten. Sie wurde 1765 Hofsingerin und 1769 die dritte Ehefrau Adlgassers. Leopold und Wolfgang Mozart waren Trauzeugen. Sie wirkte in einigen Aufführungen Mozarts in Salzburg mit.

»Accesist«: Anwärter auf eine Anstellung

»Calcant«: Balgtreter an der Orgel

»1.ᵃ vista«: das erstemal lesen, vom Blatt spielen

»minus habentes«: die, die wenig haben oder besitzen an Wissen oder Können

»Thurnermeister«: Turmmeister, der Vorgesetzte der Turmbläser, später auch der Dirigent der Stadtmusik

Den 3.ten ist unser Bedienter Sebastian Winter von hier mit der Landkutschen über Strassburg nach Donaueschingen abgegangen. Er ist als Friseur in die Dienste des t: d: Herrn Fürsten von Fürstenberg getretten, und ich habe einen anderen Friseur nahmens Jean Pierre Potivin aufgenommen, er spricht auch gut Teutsch und Französisch, denn er ist in Elsass Zabern gebohren. Nun muß ihn kleiden lassen, wiederum eine grosse Ausgaabe! –

Sebastian Winter (1743–1815), geboren in Donaueschingen, reiste als Diener und Friseur mit und kehrte als Kammerdiener des Fürsten Joseph Wenzel Fürst von Fürstenberg in seinen Geburtsort zurück.

Nun wende ich mich an die Frau Hagenauerin, und sage: Madame!
Die Herrn Franzosen lieben nichts als was Plaisir macht! ein Todter Leichnam in einem Hause verursacht nichts als Trauriges Angedencken des Todes; und wie bald könnte es geschehen, daß mancher sich erinnerte, daß er auch diesen Weg betretten muß, und folglich zu einer anderen Lebensart verleitet würde. Hinweg demnach mit allem demjenigen was dem Vergnügen einhalt thut. Fort mit allem was kein plaisir macht. Etwas anders dafür was die niedergeschlagenen Geister ermuntert. Sie haben recht, daß Paris ihnen nicht anständig ware. Meine Frau empfehlet sich ihnen. Es hat ihr die Französische Lebensart vom Anfange bis

diese Stunde nicht gefahlen; und mit der französischen Kost, ist sie gar nicht zufrieden. Die Fasttäge sind gar zum erkrancken, denn keine Mehlspeise sieht man nicht; man braucht hier 4mahl mehr Haarbuder als Mehl, die Fische sind theuer, und da man keine eigene Hauswürthschaft hat, und vom Traitteur die Speisen nehmen muß; so hat man wenig andere Hofnung als crepirte fische zu essen. Diess ist auch unser gröster verdruss den wir hier haben. Wir müssen manchen Fasttag eine Fleisch Suppe essen, theils weil der Trateur keine Fasten Suppe schickt, theils weil meine Frau nichts anders mit den Kindern essen kann: denn hier sind sie nicht zum Fasten eingericht. Wenn der 8.te Theil in Paris Freytags Fastenspeis isset, so habe ich schon viel gesagt; und sie können nicht einmahl eine rechte Fasten Suppe machen. Ich bin gar kein Scrupulant, das wissen sie; allein ich wünschte dennoch, daß ich eine Dispensation hätte, dann ich will halt dennoch ein ruhiges Gewissen haben, es möchte mir seiner Zeit in dem Processu meiner Heiligsprechung einige Hindernisse machen, da wir im übrigen, Gott Lob, uns keinen Vorwurf zu machen haben.

»Traitteur«: Traiteur, ein Speisewirt, Gastwirt
»Scrupulant«: »einer, der sich viel Bedenklichkeiten macht«

Sie werden vielleicht glauben, wir werden ganz ausserordentlichen Faschings-Lustbarkeiten beiwohnen? O weit gefehlt! Es fiel mir gar nichts bey einem Ball, der erst nach mitternacht anfängt, beyzuwohnen. Hier sind in allen Eggen Balls; aber sie müssen wissen, daß hier Balls zu 30, 40 Personen sind, wo ein oder 2 Höchstens 3 Violinen, ohne Bass, die Menuet spielen; und was für Menuet? — — Menuets, die zur Zeit Heinrich des 4.ten schon sind getanzet worden, und in der ganzen Stadt sind etwa 2 oder 3 favorit Menuet, die immer müssen gespiellet werden, weil die Personen keinen anderen Danzen können, ausser den ienigen Menuet, bey dessen Abspiellung sie das Danzen gelehrnet haben. Am meisten aber werden Contra dances, oder die bey uns so genannten englischen Tänze getantzet! alles dieses weis ich aus der Erzehlung, denn ich habe noch nichts gesehen.

Heinrich IV. herrschte von 1589 bis 1610.

1764   4. März

»*Contra dances*«: *Vom englischen country-dance und volkshaften Ursprungs, wurde der* »*Contredanse*« *zum Tanz des Hofes und des Bürgertums.*

»Die Tanzstunde«, 1790.
Kolorierter Kupferstich von Thomas Rowlandson (1756–1827)

Was in der Fassnacht nicht zeit gehabt hat sich NB lustig zu machen, daß mus noch in der fasten, NB noch vor der Passionswoche zu ende gebracht werden; Vielleicht werden sie aber nun sagen Madame, in der heiligen Fastenzeit sollte man lieber statt des Tanzes in den heiligen Rosenkranz gehen. Ja wohl Rosenkranz. Hier weis man nichts was ein Rosenkranz ist. Ich habe schon in Brüssel niemand als ein paar alte Frauen mit einem Rosenkranz gesehen. Hier sehen sie nicht nur keinen Rosenkranz, sondern sie würden alle Leute in der Kirche an ihrer Andacht hindern, wenn sie einen Rosenkranz in der Hand hätten. Dermahl geht es noch gut, wir können den Rosenkranz in dem Schliefer haben, ohne die Leute dadurch in eine vorwitzige verwunderung zu bringen, und ihre grosse Andacht zu stören. – Kurz, ich muß alle diese Sachen, und sonderheitlich die Art des

4. März 1764

Gottes Dienstes und der geistlichen Verrichtungen ihnen seiner Zeit mündlich erzehlen, wie auch der Geistlichen Kirchen Kleidung, und viele derley Sachen, die sehr von unseren Unterschieden sind. Überhaupts gehet nur alles hier auf das weltliche; sehr wenig schöne Kirchen, aber eine desto grössere Menge der schönsten Hôtels, oder Palläste, an deren inneren Ausziehrung keine Unkosten gesparet sind, und in deren ieden sie was besonderes und überhaupts alles finden, was ein Mensch zur Bequemlichkeit seines Leibes und zu Ergetzung seiner Sünnen nur immer erdencken kann.
Eines so ich dem Herrn Hagenauer zu sehen wünschte, sind die verschiedene Art der schönsten Carossen. das ist wahr, daß ist alles, was man schönes sehen kann. Stellen sie sich nur einmahl die schönste Tabattiere von Lac Martin vor, die sie in ihrem Leben gesehen haben; so sind alle Wägen gemahlet und laquirt; sie finden Mahlereyen auf den Wägen, die in den ersten Mahlerey Gallerien stehen könnten; und die meisten Clavier sind so. Ich werde, um wenigst den unverbesserlichen Geschmack aller Arten der Französischen Wägen zu zeigen, und ihre ganze Bauarth in Salzburg: bekannt zu machen, alles in Kupfer, vielleicht bald nach Salzburg abschicken: da ich nämlich um mich, wegen gewissen Ursachen, leichter zu machen, etwas meiner Bagage nach Salzburg abzuschicken, und dan ein und anderes bey dieser Gelegenheit nach Hause zu bringen gedencke, was mir auf der Reise möchte gestohlen oder verlohren, oder auch zerbrochen werden; wo man nämlich so oft aus und einpacken muß.
noch eins! – – haben sie einmahl etwas von einem englischen S: V: Abtritte gehöret? – – das findet man hier fast in allen Hôtels. Auf beyden Seyten sind wasserpippen, die man nach der Execution umdrähen kann; eine Macht das wasser Abwerts die andere das Wasser, das auch warm seyn kann, aufwerts spritzen. Ich weis nicht wie ich es ihnen mit höflichen und anständigen Worten mehr erklären kann, das übrige müssen sie sich einbilden, oder mich seiner Zeit fragen. Diese Cabinette sind übrigens die allerschönsten, die man sich vorstellen kann. Gemeiniglich sind die Wände und auch der Fußboden von Meolica, auf Holländisch; auf einigen dazu errichteten Stellen, die oder laquirt,

oder von weissen Marmor oder gar von allabaster sind stehen die Pots de chambre von dem schönst gemahlten und an dem Ranfte vergoldeten Porcellain, auf andern solchen stellen einige Glässer mit wohlriechenden Wässern, dann auch grosse Porcellainene Töpfe mit wohlriechenden Kräutern gefüllet. dabey findet sich gemeiniglich ein hüpsches canapè, ich glaube für eine gähe Ohnmacht. ich muß schlüssen; der Platz wird immer kleiner; Es wären noch 1000 Sachen zu sagen.

»NB«: *lat. nota bene, wohlgemerkt*

»S:V:«: *lat. salva venia, mit Verlaub*

»Abtritte«: *Vorläufer des WC (water-closet) und des Bidets (»ein gewisses zur Reinlichkeit dienliches Möbel in den Garderoben«, ein Waschbock)*

»Meolica«: *»Majolica, ital. kunstvoll bemalte Gefäße aus feinem Thon (ursprünglich aus Majorka); jetzt eine gröbere Art Fayence oder Faïence, franz., unechtes oder Halbporzellan, Halbgut, nach dem Erfindungsort Faenza in Italien.«*

»Pots de chambre«: *Nachttöpfe*

»canapè«, *vom lat. canopaeum, der Betthimmel; eine Lehnstuhlpolsterbank, Ruhebank, auch Lotterbank, Lotterbett*

Canapee von G. Jacob (Frankreich, spätes 18. Jh.), geschnitzter Rahmen aus Birkenholz und weißer Bemalung und Vergoldung, konische kannelierte Beine, die rechteckige Rückenlehne ist mit Schotenwerk dekoriert, gewirkter Bezug aus Bequvais, ca. 175 cm lang

9. März 1764

Paris den 9.ᵗᵉ Martii

P:S:

Der Platz la Greve ist hier der Ort, wo man die Missethätter in die andere Welt schicket. Wer ein Liebhaber von diesen Executionen ist, der hat fast alle Tage etwas zu sehen. Letzlich sind eine Cammerjungfer, die Köchin und der Gutscher neben einander en compagnie gehencket worden. Sie dieneten einer blinden reichen Wittwe, welcher sie bey 30000 Louis d'or entwendet haben, da sie eben ihr Capital nach Haus bezahlt bekommen. Die Frau hat es zu frühe gemerckt, und die 3 vereinigten Diebe waren zu ungeschickt. Man macht, wie ich höre nicht viel Wesens, und wenn ein HausBedienter 15 Sols stihlt, so ist er gehenckt. Das muß auch hier seyn, sonst wäre niemand sicher. Daß aber alle dienerschaft hier, wann sie etwas kauffen, auf die waare schlägt, ist etwas allgemeines; das heist der Profit, und das ist nicht gestohlen. In der vorigen Woche ward ein Notarius publicus vom Chatelet, ein Mann von 70 Jahren in Effigie gehenckt, welcher, da er sehr im credit stand, und folglich viele Pupillen und andere Gelder etc. zu besorgen und placiren hatte, eine Defraudation und falliment von einer unzahlbahren Summa gelds gemacht hat. Es war würcklich Schade, daß er nicht selbst in Persona da ware; Sie hencken aber auch hier keinen, wenn sie ihn nicht haben.

Meine Frau und Kinder, die alle, Gott Lob, wohl auf sind, empfehlen sich samt ihren Vater.

»Place la Grève«: heute Place de l'Hôtel-de-Ville

30.000 Louis d'or sind 240.000 fl.; 15 Sols sind 15 kr.

Châtelet war eine Burg in Paris, die an der heutigen Place du Châtelet stand und in der bis zur Französischen Revolution der Prévôt (Oberrichter) Gericht hielt.

»in Effigie gehenckt«: franz. effigie, das Bildnis, Bild; exécuter en effigie: das Todesurteil an dem Bildnisse vollziehen. Im Falle des Notarius: in Abwesenheit verurteilt.

»Pupillen-gelder« sind gerichtlich niedergelegte Mündel- oder Waisengelder. Von lat. pupillus, ein Waise, ein vater- und mutterloses Kind, ein Unmündiger.

»Defraudation«: ein versteckter Betrug, Steuerbetrug, Schleichhandel
»falliment«: das »Zahlungsunvermögen«

Paris le 1. April 1764

Monsieur!

Die Narren sind halt aller Orten nicht gescheid. In Paris ist sonst dem Scheine nach aller Aberglauben verbannet. Ja sie machen sich nichts daraus manche Kirchengebothe als abergläubische Sache anzusehen: und sehen sie eine Finsterniß kann der Gegenstand eines allgemeinen Lermens in Paris seyn! schon 14 Täge her haben die Gläserer in Paris alle alte Trümmer von zerbrochenen Gläsern zusammengesucht, und theils in form eines Octavblätls, theils wie es der Glasscherbe gab, solche blau, oder vielmehr schwarz anlauffen lassen, die Ränfte mit Goldpapier eingefasst, und sowohl bei ihren Läden zum Kauf ausgesetzt, theils durch alle Strassen herumgetragen und ausruffen lassen. So, daß man Gestern schon iedermann durch diese Gläser nach der Sonne sehen und solche probieren sache. Das ist nun kein Aberglaube: – – aber daß die Leute in der Frühe in die Kirche eylten, um vor der vergiftung des Luftes sicher zu seyn, die durch diese Fünsternisse entstehen würde; daß iedermann sagte und glaubte, daß um 9 Uhr die letzte Messe seyn werde; daß dann alle Kirchen gesperrt werden; daß diese Finsterniß so schwer seyn werde, daß ein Pest in der Folge zu beförchten seye, daß es ganzer 3 Stunden so finster seyn werde, daß man sich der Lichter wird bedienen müssen, und hundert andere Sachen; Dieß sind wohl pöbelhafte Aberglauben. – –

Und wissen sie daß selbst die Geistlichkeit |: vielleicht unschuldiger weiße :| daran Schuld ist. Man hat von allen Kanzeln verkündiget, daß den 1.ten April wegen der Finsterniß das Hoche Amt und der hernach gewöhnliche Chor, das sonst um 10 Uhr bis halbe 12 Uhr ist, um 8 Uhr seyn werde, man hat aber die rechte Ursache nicht beygesetzet, sondern nur beygefüget: »um alle Unordnung zu verhindern.« Dieses hat der Pöbel auf sich gezogen, da es doch von der Geistlichkeit selbst zu verstehen ware, die sich, so gar in Klöstern nicht so, wie in Teutschland einschräncken lässt, und einige um die Fünsterniß zu betrachten auf das berühmte Observatoire, das Louis XIV anno 1667 hat bauen lassen, lauffen, andere solche vom Hause aus oder sonst wo beobachten, folglich eine gänzliche Unordnung seyn werde. Um nun allen diesen Herrn die Bequemlichkeit zu verschaffen, hat man Chor und HochAmt früher gehalten. – – – parturiunt montes, nascetur ridiculus mus. Die Glaserer haben ihre Gläser nicht umsonst gemacht; aber die Käuffer haben ihr Geld umsonst ausgegeben. Es war ein starckes Regenwetter; und dennoch war es nicht finsterer, als wie es etwa ist, wen es anfängt Abend zu werden.

»parturiunt ... mus«: »Es kreißen die Berge, zur Welt kommen wird eine lächerliche Maus« (Horaz, De arte poetica, V 139)

Am 10. März 1764 gaben Wolfgang und Nannerl ihr erstes Pariser Konzert, im Theatersaal des Mr. Félix, rue et porte St. Honoré. Der Erlös betrug 112 Louis d'or.

Nun ist es auch Zeit ihnen von meinen 2 Freunden aus Sachsen Herrn Barons v Hopfgarten und v Bose etwas zu sagen. Sie sind vor ungefehr 2 Monat von hier nach Italien abgegangen um oder durch Kärnthen oder über Salzburg nach Wienn zu gehen. Ich habe ihnen einen Simplen Brief an Sie mit gegeben, darinn ich mich auf dieß, was ich ihnen iezt schreibe, beziehe. Sollten sie nun über Salzburg gehen, so bitte ich sie ihnen an die Hand zu gehen, damit sie nicht nur alles sehen, was zu sehen ist; sonderen dahin zu trachten, daß ihnen bey Hofe alle Ehre erwiesen wird; indem ich selbst der Augenzeuge bin von den grossen Ehren, die solche an den Tafeln und an den Höfen des Churfürsten aus Bayern, dann zu Ludwigsburg, am Pfälzer Hofe zu Schwezingen, zu Maynz, zu Brüssl beym Prinz Carl, und hier in Versailles empfangen haben. Sie sind unsere getreuen Reisefreunde gewesen. Bald haben wir ihnen, bald sie uns die quartier bestellt. Hier werden sie 2 Menschen sehen, die alles haben, was ein ehrlicher Mann auf dieser Welt haben soll: und, wenn sie gleich beyde Lutheraner sind; so sind sie doch ganz andere Lutheraner, und Leuthe, an denen ich mich oft sehr erbauet habe. Zum Abschiede hat Herr Baron v Bose dem Wolfg: ein schönes Buch, darinnen geistliche Betrachtungen in Reimen sind zum Angedencken gegeben, und hat voran folgendes hingeschrieben:

»Nimm kleiner, 7 jähriger Orpheus, dieß Buch aus der Hand deines Bewunderers und Freundes! Lies es oft, – – und fühle seine göttlichen Gesänge, und leihe ihnen |: in diesen seeligen Stunden der Empfindung :| deine unwiederstehlichen Harmonien; damit sie der fühllose Religionsverächter lese, – – und aufmerke! – – damit er sie höre – – und niederfalle, und Gott anbethe.«   Friedrich Carl Baron v Bose.

Diese 2 Herren können ihnen hundert sachen von unserer Reise erzehlen, und ihr umgang wird ihnen Tausend vergnügen machen. Wenn sie kommen, so kommen sie nach der Ascensa von Venedig. Der grössere ist der Baron Hopfgarten und der kleinere der Baron v Bose.

Georg Wilhelm von Hopfgarten (1740 – nach 1806) und Friedrich Karl von Bose (geb. 1751) waren sächsische Barone.

Das »schöne Buch« war vermutlich Christian Fürchtegott Gellerts »Geistliche Oden und Lieder« (Leipzig 1757).

»Ascensa«: die Theaterhochsaison in Venedig zum Himmelfahrtsfest

Die Frau Hagenauerin lasse ich, nebst meiner Empfehlung bitten, die manchetten oder datzl, die ich ihr in Handen gelassen, wenn solche nicht verkauft sind, oder was sie noch hat, zu behalten: denn ich werde auf meinen Reisen meine mancheten zimmlich zusammen reißen, daß ich sie dann selbst gebrauchen kann.

Nun sind wir mit allen Gesandten der auswertigen Potenzen hier bekannt. Der englische gesandte Milord Bedfort und sein Sohn sind uns beyde sehr gewogen; und der Russische, Prince Gallitzin, liebt uns wie seine Kinder.

1. April 1764

»manchette«: franz., die Handkrause, der Hemdärmel
»datzl«: Salzburger Ausdruck für Manschette
John Russel (1710–1771), 4th Duke of Bedfort, führte die Friedensverhandlungen mit dem Duc de Choiseul in Paris.
Dmitrj Alekseevič Fürst Galizyn (geb. 1735) war unter Katharina II. russischer Gesandter in Den Haag und Paris. Er war Freund Voltaires und der Enzyklopädisten Diderot und d'Alembert.
Enzyklopädie: griech., übersichtliche Darstellung alles praktischen und theoretischen Wissens, früher meist nach Gebieten geordnet, heute alphabetisch (Konversationslexikon). 1751–1780 gaben die Enzyklopädisten Diderot und d'Alembert die große französiche Enzyklopädie in 35 Bänden heraus.

Die Enzyklopädisten. Mit erhobener Hand Voltaire, zu seiner Linken Diderot

In etlichen Tägen werden die Sonaten, die der Herr Wolfgang: der M:^{me} la comtesse de Tessé dedicirt hat, fertig. Sie würden schon eher fertig geworden seyn; allein die Dedication, die unser bester Freund M:^r Grimm gemacht, wollte die Comtesse abso-

lute nicht annehmen. Man muste also eine veränderung vornehmen; und da sie meistens zu Versailles ist, alle Zeit die Antwort von dort abwarten. Es ist schade, daß diese Dedication nicht hat därffen gestochen werden: Allein die Gräfin will nicht gelobt seyn; und in dieser Schrift ist die Frau Gräfin und mein Bueb, beyde sehr lebhaft abgeschildert. Nun müssen sie aber auch wissen wer dieser Mann ist, dieser mein grosser Freund, von dem ich hier alles habe, dieser Mr: Grimm. Er ist Secretaire vom Duc d'Orleans; ein gelehrter mann und ein grosser Menschenfreund. Alle meine übrigen Briefe und Recomendationen waren nichts; ia wohl der französische Bottschafter in Wienn; ia wohl der Kayserl: Gesandte in Paris, und alle Empfehlungs Schreiben vom Ministre in Brüssel, grafen v Cobenzel: ia wohl Prince Conti, etc. etc. und alle andere, deren ich eine ganze Lytaney hersetzen könnte. Der einzige Mr: grimm, an den ich von einer KaufmannsFrau in Frankfurt einen Brief hatte, hat alles gethan. Er hat die Sache nach Hofe gebracht; er hat das erste Concert besorget, und er allein hat mir 80 Louis d'or bezahlt, folglich 320 Billets versorget, und noch die illumination in Wachs bezahlt, da über 60 Stück tafel Kerzen gebrennt haben; Nun dieser Grimm hat die Erlaubnis des Concerts ausgewürcket, und wird nun auch das zweyte besorgen, wozu schon über 100 Billets ausgetheilt sind. Sehen sie was ein Mensch kann der vernunft und ein gutes herz hat. Er ist ein Regenspurger: Allein er ist schon über 15 Jahr in Paris, und weis alles auf die rechte Strasse so einzuleithen, daß es, so wie er will, ausfallen muß. Ich habe ihnen schon letztlich geschrieben, daß sie meinen Brief unter seiner Addresse nach Paris schicken sollen; nämlich:
Chez Mr: Grimm Secretaire de S:A: Monseigneur le Duc d'Orleans. Rue neuve de Luxembourg. à Paris.

Friedrich Melchior von Grimm (1723–1807) war 1748 Sekretär des sächsischen Grafen Friese, mit dem er sich 1749 in Paris niederließ, wo er in Verbindung zu den Enzyklopädisten trat. 1753 hat er auf Anregung der Kronprinzessin Dorothea von Sachsen-Gotha – zu dieser Zeit war Grimm Vorleser beim Kronprinzen – mit der Veröffentlichung der »Correspondance littéraire, philosophique et critique adressé à un souverain d'Allemagne« begonnen, einer Art literarische und künstlerische Chronik seiner Zeit, die für die deutschen Höfe bestimmt war.

Der französische Botschafter in Wien war Florent-Louis-Marie Comte de Châtelet-Lomont, der kaiserliche Gesandte Georg Adam Graf Starhemberg.

Johann Karl Philipp Graf Cobenzl war kaiserlicher bevollmächtigter Minister in den österreichischen Niederlanden.

Louis François de Bourbon, Prince de Conti, hatte eine eigene Musikkapelle.

Am 1. Dezember 1763 erschien ein Artikel von Grimm über die beiden Mozart-Kinder:

»DIDEROT'S CORRESPONDENZ 1753–1779«

Die ächten Wunder sind zu selten, als daß man nicht gern davon plaudern sollte, wenn man einmal das Glück gehabt hat, so etwas zu sehen. Ein Kapellmeister von Salzburg, Namens Mozart, ist hier so eben mit zwey ganz allerliebsten Kindern eingetroffen. Seine eilfjährige Tochter spielt das Clavier auf eine brillante Manier; mit einer erstaunlichen Präcision führt sie die grössten und schwierigsten Stücke aus. Ihr Bruder, der künftigen Februar erst sieben Jahre alt seyn wird, ist eine so ausserordentliche Erscheinung, daß man das, was man mit eigenen Augen sieht und mit eigenen Ohren hört, kaum glauben kann. Es ist dem Kinde nicht nur ein Leichtes, mit der grössten Genauigkeit die allerschwersten Stücke auszuführen, und zwar mit Händchen, die kaum die Sexte greifen können; nein, es ist unglaublich, wenn man sieht, wie es eine ganze Stunde hindurch phantasirt und so sich der Begeisterung seines Genie's und einer Fülle entzückender Ideen hingiebt, welche es mit Geschmack und ohne Wirrwarr auf einander folgen lässt. Der geübteste Kapellmeister kann unmöglich eine so tiefe Kenntniss der Harmonie und der Modulationen haben, welche es auf den wenigst bekannten, aber immer richtigen, Wegen durchzuführen weiss. Es hat eine solche

Fertigkeit in der Claviatur, daß, wenn man sie ihm durch eine darüber gelegte Serviette entzieht, es nun auf der Serviette mit derselben Schnelligkeit und Präcision fortspielt. Es ist ihm eine Kleinigkeit, Alles, was man ihm vorlegt, zu entziffern; es schreibt und componirt mit einer bewunderungswürdigen Leichtigkeit, ohne sich dem Claviere zu nähern und seine Accorde darauf zu suchen. Ich habe ihm eine Menuett aufgesetzt und ihn ersucht, den Bass darunter zu legen; das Kind hat die Feder ergriffen, und ohne sich dem Claviere zu nahen, hat es der Menuett den Bass untergesetzt. Sie können wohl denken, daß es ihm nicht die geringste Mühe kostet, jede Arie, die man ihm vorlegt, zu transponiren und zu spielen, aus welchem Tone man es verlangt. Allein Folgendes, was ich gesehen habe, ist nicht weniger unbegreiflich.

Eine Frau fragte ihn letzthin: ob er wohl nach dem Gehör, und ohne sie anzusehen, eine italienische Cavatine, die sie auswendig wusste, begleiten würde? Sie fing an zu singen. Das Kind versuchte einen Bass, der nicht nach aller Strenge richtig war, weil es unmöglich ist, die Begleitung eines Gesanges, den man nicht kennt, genau im Voraus anzugeben! Allein, so bald der Gesang zu Ende war, bat er die Dame, von vorn wieder anzufangen, und nun spielte er nicht allein mit der rechten Hand das Ganze, sondern fügte zugleich mit der Linken den Bass ohne die geringste Verlegenheit hinzu; worauf er zehn Mal hinter einander sie ersuchte, von neuem anzufangen, und bey jeder Wiederholung veränderte er den Charakter seiner Begleitung. Er hätte noch zwanzig Mal wiederholen lassen, hätte man ihn nicht gebeten, aufzuhören. Ich sehe es wahrlich noch kommen, daß dieses Kind mir den Kopf verdreht, höre ich es nur ein einziges Mal, und es macht mir begreiflich, wie schwer es seyn müsse, sich vor Wahnsinn zu bewahren, wenn man Wunder erlebt.

Herrn Mozarts Kinder haben die Bewunderung aller derer erregt, die sie gesehen haben. Der Kaiser und die Kaiserin haben sie mit Güte überhäuft. Dieselbe Aufnahme haben sie in München und Manheim erfahren. Schade, daß man sich hier zu Lande so wenig auf Musik versteht!

Am 9. April 1764 fand das zweite Pariser Konzert im Saale Félix statt; mitgewirkt haben der Geiger Pierre Gaviniés und die Sängerin Clémentine Picinelli.

Am 10. April reist die Familie Mozart mit zwei Bediensteten (Potivin und Porta), eigener Kutsche und 7 Postpferden aus Paris ab; der größte Teil des Gepäcks bleibt bei dem Bankier Hummel in Paris zurück.
Am 19. April erreichen sie Calais und verrichten die österliche Beichte bei den Kapuzinern. Am 22. April schiffen sie sich zur Überfahrt nach Dover ein; der Reisewagen wird in Calais bei Pierre Bernard Carpentier eingestellt.

Am 22. April 1764 erfolgt die Überfahrt nach Dover, am Abend des 23. April kommt die Familie Mozart in London an.

The South West Prospect of LONDON. From Somerset Gardens to the Tower. Kupferstich. Vedute aus dem Nachlaß Leopold Mozarts

LONDON
23. April 1764 – 24. Juli 1765

Unterkunft wurde zuerst im Gasthof »The white Bear« in Piccadilly genommen, am nächsten Tag übersiedelte die Familie zum Friseur John Cousins im Cecil Court (jetzt Nr. 19), bei St. Martin's Lane, wo sie drei kleine Zimmer bewohnte, für die wöchentlich 12 Shilling zu bezahlen waren.

London den 25. April 1764

Wir sind, gott Lob, glücklich über den Maxglaner=Bach gekommen, allein ohne S:V: Spei= = übergaab ist es nicht abgegangen doch hat es mich am meisten hergenohmen. Es ware aber das geld ersparet: Medicin zum brechen einzunehmen. und wir sind, gott seye dank, alle gesund. Wer zu viel geld hat darf nur eine Reise von Paris nach London unternehmen, man wird ihm gewis den Beutel leichter machen. so bald man in Dover ist, gehet es noch raucher her; und wenn man von Schiffe aussteigt, sieht man sich von 30 in 40 Menschen umgeben die alle gehor: diener sind, und die die Bagage den eigenen Bedienten mit gewalt abnehmen wollen, um solche nach dem Wirthshause zu tragen und dann muß man sie bezahlen, was sie fordern. Ich muste für die überfahrt 3 Louis d'or bezahlen. denn ich hatte ein eigenes Schiff, für das man 5 Louis d'or bezahlen muß: ich nahm demnach 4 andere Freunde, die jeder einen halben Louis bezahlten, zu mir. dann in Backeboot waren 14 Personen; und da nur 10 in 12 betten in einem Schiffe sind, so ist es sehr ungelegen, unter so vielen Menschen, die Manchemal die See=Krankheit erstaunlich bekommen, zu bleiben. vom grossen Schiffe sich durch ein kleines in dover ausschiffen zu lassen, hat die Person einen halben Feder=thaler gekostet, ich muste also 6 kleine oder 3 grosse Laubthaller bezahlen, dann ich hatte 2 bediente bey mir folglich bis Calais 7 Postpferd, indem einer geritten hat. der zweyte bediente war ein Italiener Nahmens Porta, der diese Weege schon 8mal gemacht hat; und alle meine freunde in Paris riehten mir diesen Menschen zu nehmen. Es war auch in der That sehr gut gethan:

denn er brachte alles in ordnung; und behandlete alles. Nun scheine es mir in london nichts als Masquera zusehen, und was meinen sie, wie meine Frau und mein Mädl in den Englischen hüten und ich und der grosse Wolfgang in Englischen Kleidern aussehen. Mein Nächster Brief wird ihnen mehr sagen. wir empfehlen uns.

Mozart

Maxglan war damals ein Dorf bei Salzburg.
1 Louis d'or = 8 fl.
»Backeboot«: paquebot, Paketboot, Postschiff
Leopold bezahlte für seine Familie und die 2 Bedienten 8 fl. 15 kr.
Die Bedienten: der Elsässer Jean Pierre Potivin und der Italiener Porta. Diesen werden Leopold und Wolfgang 1770 in Rom und 1773 in Wien wieder treffen.

London den 28. May 1764

Sie wissen, daß je ferner eine Sache ist, je kleiner stellt sich solche dem Auge vor. So ist es mit meinen Briefen. Meine Buchstaben werden immer kleiner, nach dem Maasse nämlich meiner Entfernung von Salzburg. Wenn wir in America hinüber seegeln wollten, würden solche etwa gar unlesbar werden. Für den glaten Brief ohne Umschlag muß hier nach Teutschland ein Schilling, für den Umschlag aber wieder ein Schilling, folglich, wenn der Brief ein Couvert hat, 2 Schillinge bezahlet werden. Ein guineé hat 21 Schillinge, und ein guineé steht mit dem Louvis d'or in gleichen werth, dann in Dover hat mir der Banquier Miné, an den ich aus Paris recommendirt ware, für 12 St: Louis d'or, 12 St: Guineé gegeben: denn hier wird kein französisch geld genohmen. Sie können denn leichtlich schlüssen, was ein Schilling gilt.

1 guineé = 8 fl.
Aus Sparsamkeitsgründen faltete Leopold den Brief mehrmals und schrieb die Adresse auf die Außenseite desselben Bogens.

Nach Engelland zu gehen, ware ich bey meiner Abreise aus Salzburg nur halb entschlossen: Alleine, da alle Welt, auch in Paris uns angelegen hat, nach London zu gehen, so habe mich gleichwohl entschlüssen müssen; und nun sind wir mit der Hilfe Gottes da: allein nach Holland gehen wir nicht, das kann ich dieselbe versichern. Ich bin zwar versichert im Haag z: E: 2 bis 300 Duccaten geschwind einzunehmmen: doch weis ich auch, daß die Kösten ganz ausserordentlich sind; das volck, und überhaupts die Holländer sind ein bischen grob. Und überhaupts zu sagen, sollte man aller Orten im Winter seyn um seine Pfeiffen recht zu schneiden; und das ist platterdings unmöglich: ausser man wollte 4,5 und noch mehr Jahre auf Reisen zubringen. Wir sind auf Hamburg respective verschrieben, wenn wir dahin wollten: Allein es ist mir zu entfernet und zu weit gegen Norden. Wir könnten nach Coppenhagen mit den grössten Vortheil der Welt gehen; so wohl der Königlich Dännische Minister in Paris Herr Baron de Gleichen, als der hiesige Dänische gesandte Graf von Bothmer wollen uns zum voraus gewisse Summa garantieren; Allein das könnte mir niemals in den Sinne kommen. Noch weniger hat mich der Prinz Gallizin bewogen ihm einige Hofnung zu geben, daß wir nach Russland zu gehen uns entschlüssen könnten. Diese Länder sind zu entfernt, und zu kalt.

Nach Holland ist Leopold dann doch gegangen ...

»seine Pfeiffen recht zu schneiden«: »Wenn man im Rohre sitzt, die Gelegenheit nützen, indem sie da ist.« (nach Johann Christoph Adelung)

Es ist das hiesige Land schon entfernt genug, und obwohl es, was die Feldfrüchten und Viehzügl anbelanget eines der schönsten und glückseeligsten Länder ist; so ist es doch wegen der beständigen Abwechslung von Hitz und Kälte ein gefährliches Land. Denn da Engelland eine Insel ist, so leidet sie sehr wegen der beständigen Abwechselung der Winde, die von dem Meer kommen. Es ist manchen Tag eine ungemeine Hitze; im Augenblicke erhebt sich ein Nordwind, und in einer Viertlstunde darauf ist es ungemein Kalt: desswegen sehen sie auch hier nichts als Tüchene

Kleider. Die Speisen sind ungemein nahrhaft, Substantios und kräftig; das Rindfleisch, Kalbfleisch und Lammfleisch besser und schöner als man es in der Welt finden kann. Man sieht in den Feldern das schönste vieh, und Lämmer die fast so gross als ein Kalb sind, deren Wolle dick und lang ist. Daher kommen die trefflichen Manufacturen. Alleine eben diese Speissen sind zu kräftig, und das Bier, deren man verschiedene Gattungen haben kann ist ganz erstaunlich starck und gut. Hingegen ist der Wein, weil das Bier ein Land-productum ist, unbeschreiblich theuer, und ein erstaunlicher Accis darauf. Eben so ist es mit dem Coffée, welcher über 4 teutsche Gulden das kleine Pfund zu stehen kommt. Über diess muß man ihn schon gebrennt und gemahlter kaufen, dazu eigne Boutiquen sind: und wer ein Pfund Coffée im Hause selbst brennt wird um 50 guineé gestraft. Was glauben sie was meine Frau über diese Einrichtung für gesichter macht. Genug, die Herren Engelländer suchen ihren Theé an den Mann zu bringen und zu verhindern, daß das Geld für Coffée nicht aus dem Lande kommt. Der Theé Kessel ist dem ganzen Tag auf dem Feuer, und bey Besuch werden die Leute mit Theé und Butter Brod bedient: daß ist; man bringt fein aufgeschnittenes und mit Butter überstrichenes Brod. Übrigens ist der Mittag Tisch meist zwischen 2 und 3 Uhr, und auf die Nacht essen die meisten Leuthe nichts, oder nur etwa Käß, Butter und Brod, und lassen sich einen guten Krug starck bier dazu schmecken.

»Accis«: franz. accise, Abgabe, Steuer von den Victualien
»das kleine Pfund«: circa 450 g
50 guineé = 400 fl.

Kein Frauenzimmer gehet über die Gasse ohne einen Hut auf dem Kopfe zu tragen, deren aber sind unterschiedliche; ganz runde; hinten zusammgebundene, von Atlaß, von Stroh, von taffta etc. Überhaupts mit Bänderen ungemein geziert und mit Spitzen verbrämt. Ein mittlmässiger kommt schon auf einen halben guineé. Anfänglich glaubt man lauter masquern zu sehen. Kein Mannsperson gehet mit entblößten Haupte auf der Strasse, und wenige sind gepudert. Wenn die Gassenbuben jemand der geputzt ist und ein wenig nach französischen Art gekleidet gehet, sehen; ruffen sie gleich laut auf: Burger French! französischer Bürger. Da ist das beste Mittl schweigen, und thun als wenn mans nicht hörte. Sollte einem in den Kopf kommen sich darüber aufzuhalten; so würde bald ein Succurs vom Pöfel zugegen seyn, und man hätte Mühe, wenigst mit etlichen Löchern im Kopfe, davon zu kommen. Wir, unsers theils sehen ganz englisch aus. Allein es waren nur ein paar Kleider für mich und den Wolfg: glattweck zu umachen und ein paar WeibsHütte zu kauffen bey 12 Guineé Unkosten. Das wenigste Macherlohn für ein glatt Kleid sind 14 Schilling, wenn eine bordierung darauf kommt muß ein Pfund Sterling |: so 20 Schilling ist :| bezahlt werden. – –

> »Atlaß«: Atlas, persisch, ein glänzendes Seidenzeug, Glanzstoff
> »Taffet«: auch Taft, von persisch tafteh, ein leichtes, glattes Seidenzeug aus entschälter Seide
> »Succurs«: lat., die Hilfe, Verstärkung, der Beistand, die Hilfsmannschaft
> 12 guineé = 96 fl.
> 14 Schilling = ca. 5 fl. 36 kr.

Nun wundert mich nicht, daß in Teutschland kein englisch Tuch oder wenig antrifft, oder erstaunlich theuer bezahlen muß, das Superfin Tuch, eine Sort, die die gewöhnlichste für honeté leute ist, und davon ich genommen, 18 Schillinge in Englische Ehle oder Stab kostet, der doch viel schmähler ist, als der französische. Das allerfeinste aber kommt auf 21 Schillinge. Das alles hier ungemein theuer ist, kann man sich leicht vorstellen. Die Ursache davon ist; weil ein guineé hier weniger aufsehen macht, als bey uns ein Duggatten: allein diejenigen irren sich! Welche glauben, daß die Engelländer das Geld wegwerffen; es giebt kein Mittl unter ihnen. Die Meisten sind gar zu genaue Haushälter; einige wenige sind ungemein genereux. Noch wissen wir nicht wie es für uns ausfallen wird.

> »Englische Ehle«: die Elle ist ein altes Längenmaß, abgeleitet von der Länge des Unterarmes. Das Maß ist regional unterschiedlich: in England entspricht es 114,2 cm, in Wien 77,8 cm.

28. Mai 1764

Den 27. aprilis waren wir von 6 bis 9 Uhr bey der Königin und dem König in S:ᵗ James Park in Queens Palace, das heist: in St: Jacobs Park in der Königinn Pallast. Wir waren also schon den 5.ᵗᵉⁿ Tag nach unserer Ankunft am Hofe. das present war zwar nur 24 guineé, die wir gleich im herausgehen aus des Königs zimmer empfiengen, allein die Gnade, mit welcher so wohl S:ᵉ Majestätt der König als Königin uns begegnet ist unbeschreiblich. Kurz zu sagen: beyder gemeinschaftlicher Umgang und beyder freundschaftliches Weesen lies uns gar nicht mehr denken, daß dieß der König und die Königin von Engelland wären; Man hat uns an allen Höfen noch ganz ausserordentlich höflich begegnet: allein diese Art, die wir hier erfahren, übertrifft alle die andern: 8 Tage darauf giengen wir in St: James Park spaziern; der König kam mit der Königin gefahren: und obwohl wir alle andere Kleider anhatten, so erkannten sie uns doch, grüsten uns nicht nur, sondern, der König öffnete das Fenster und neigte das Haupt heraus und grüste lachend mit Haupt und Händen im Vorbeyfahren uns, und besonders unsern Master Wolfgang.

»der Königinn Pallast«: im Buckingham House, dem späteren Buckingham Palace

»Die Königin und der König«: Charlotte Sophie, geb. Prinzessin von Mecklenburg-Strelitz (1744–1818), wurde am 8. September 1761 mit George III. (1728–1820), König seit 1760, vermählt.

Schabstiche von Richard Houston nach John Zoffany, 1771

1764 28. Mai

Weil wir nun vom fahren sprechen; so wünschte ich Sie nur ein paar Täge hieher die schönen Pferden, und die abscheulichsten Kutschen zu sehen. So schön die Pferde sind, so abscheulich sind die Kutschen, welche nieder und breit sind. der sitz des Kutschers ist dem Kobl-Tach völlig gleich, so, daß wenn der Kutscher vom Sitz fällt, so ist es eben so viel, als wenn er vom ersten Stockwerk eines niedern Hauses herabfühle. Aber die Pferde! die schönen Pferde! wenn ich hundert englische Pferde zu Calais stehen hätte, die meine wären, so hätte ich schon genug.

»Kobl-Tach«: *Kobel ist ein Taubenhaus, mittelhochdeutsch, Hüttchen*

Die Statt, die sehr schön ist, zu beschreiben, ist hier der Platz zu enge; die Bauart ist von der Französischen ganz unterschieden. an den Häusern ist der Geheweeg mit grossen flachen quatrat Steinen gepflästert, so zum gehen sehr commot ist; Hingegen ist die Mittlstrasse zum fahren zum Hals brechen. Alle Häuser haben die erste Wohnung unter der Erde, die 2.te zu ebenfuss hinein, und dann noch Zimmer 1 und 2 höchstens 3 Stiegen hoch. Die Wohnung unter der Erde ist Liecht, hat die grösten Fenster, und Schmitt und Schlosser, wie all andere Arbeiter haben meistens da unten ihre Arbeitstube. Desswegen sind neben allen Häussern gätter von Eisen oder Holz damit niemand hinunterfällt.

»gätter«: *Gitter*

Wir haben übrigens die meiste Bagage bey herrn Banquier Hummel in Paris gelassen. sonderheitlich haben wir alle Tobattieren, und 2 Uhren und andere Kostbare Sachen, samt 2 schönen neu Attlassenen Kleidern, ein Rubinfarbes mit weisen Opern von meiner Frau und ein Blaues mit weisen Opern von meinem Mädel nebst allen dazu gehörigen garnituren und viellen anderen Sachen alda gelassen. Das reiche, so ich meinem Mädel in Paris angeschaft, und Isabella farb im Grund, mit Blumen und goldenen breiten Streifen sehr schön ist, habe mit nach Engelland genommen.

»Opern«: *vielleicht von lat. opertus, Bedeckung, opertorium, Decke, also eine Art Tuch ...*

28. Mai 1764

»*Isabella farb*«: *ein lichtes Gelb bis Graugelb, angeblich benannt nach der Farbe des Hemdes der Erzherzogin Isabella, Tochter König Philipps II. von Spanien; Gemahlin Erzherzog Albrechts von Österreich (1559–1621)*

Friedrich Melchior von Grimm. Stich von Lecerf (1769) nach Louis Carrogis de Carmontelle (1758)

Mr: Grimm, unser geschworener freund, der alles für uns in Paris gethann hat, hat zum Abschied, über alle seine Guthaten, noch der Nannerl eine Goldene Uhr, und dem Wolfgang: ein Obstmesser, wie man in Paris beym Confect zu haben pflegt, Verehret, dessen das Häft von Perlmutter in Gold gefast ist, und das 2 Klingen hat, nämlich eine von gold und die zweyte von Silber. Ich kann aber nichts anders berichten, als daß wir den 19.ten May abermahls Abends von 6 bis 10 Uhr beym König und der Königin waren, wo niemand als die zwey Prinzen des Königs Brüder, und der Prinz der Brueder der Königin zugegen waren. Bey dem Austritte aus dem Zimmer wurden mir abermahl 24 guineés gereichet: wenn es alle 3 oder 4 Wochen so kommt; so kann mans erleiden.
Nun werden wir ein so genanntes Benefit, oder concerto al nostro profitto den 5.ten Junii haben. Es ist eigentlich iezt keine Zeit mehr dergleichen Concert zu halten, und man kann sich wenig Nutzen davon versprechen, weil es ausser der Zeit ist, und weil die Unkösten eines solchen Concerts auf 40 guineés sich beläuffet: Allein, da den 4.ten des Königs Geburtstag ist, und folglich

viele Noblesse vom Lande in die Statt komt; so mus man es wagen und von diesen Augenblick profitiren, um sich bekannt zu machen. Die Person zahlt einen halben guineé, und wenn es im Winter wäre, so könnte ich sicher auf 600 Personen, folglich auf 300 guineés zehlen: dermahl aber gehet alles in die Gärten und auf das Land. Basta! es wird schon gut werden, wenn wir nur mit der Hilfe Gottes gesund bleiben, und wenn Gott nur unsern unüberwindlichen Wolfgang gesund erhält.

Der König hat ihm nicht nur Stücke vom Wagenseil, sondern vom Bach, Abel, und Händel vorgelegt, alles hat er prima vista weggespielt. Er hat auf des Königs Orgel so gespielt, daß alle sein Orgelspielen weit höher schätzen als das Clavier spielen.

Georg Christoph Wagenseil, geboren am 29. Januar 1715 in Wien, Hofkomponist und Klavierlehrer Maria Theresias, Organist in der Kapelle der Kaiserin Witwe Elisabeth Christine. Gestorben am 1. März 1777 in Wien.

Johann Christian Bach, geboren am 5. September 1735 in Leipzig, jüngster Sohn Johann Sebastian Bachs aus der Ehe mit Anna Magdalena Wülcken. Organist am Mailänder Dom, ab 1762 in London »Musikmeister der Königin«.

Johann Christian Bach. Ölgemälde von Thomas Gainsborough

Gemeinsam mit dem Gambenvirtuosen Carl Friedrich Abel – geboren am 22. Dezember 1723 in Köthen, gestorben am 20. Juni 1787 in London – gründete Bach die berühmten »Bach-Abel-Konzerte«, die in einem eigens dafür eingerichteten Konzertsaal, in den »Hanover Square Rooms«, stattfanden.

28. Mai   1764

Georg Friedrich Händel, geboren am 23. Februar 1685 in Halle, war Organist am Dom, dann Opernkomponist in Hamburg, Florenz, Rom und Neapel. 1710 reiste er über Halle nach London, war kurz Kurfürstlicher Kapellmeister in Hannover und ab 1712 in London im Dienste des Herzogs von Chandos. 1720 beteiligte er sich an der neu gegründeten »Italienischen Oper«. Händel starb am 14. April 1759 in London.

Georg Friedrich Händel. Stich von P. Wurster

Dann hat er der Königin eine Aria, die sie Sang, und einem Flautroversisten ein Solo accompagnirt. Endlich hat er die Violon stimme der Händelischen Arien |: die von ungefehr da lagen :| hergenommen, und hat über den glatten Bass die schönste Melodie gespielet, so, daß alles in das äusserste Erstaunen gerieth. Mit einem Worte; das, was er gewust, da wir aus Salzburg abgereist, ist ein purer Schatten gegen demjenigen, was er ietzt weis. Es übersteiget alle Einbildungskraft. Er empfehlet sich vom Clavier aus, wo er eben sitzt, und des Capellmeisters Bachs Trio durchspiellet, sammt uns, und es vergeht kein Tag, wo er nicht wenigst 30 mahl von Salzburg und seinen und unseren Freunden und Gönnern spricht. Er hat ietzt immer eine Opera im Kopf, die er mit lauter jungen Leuten in Salzburg aufführen will. Ich hab ihm schon oft alle junge Leute zusammen zehlen müssen, die er zum Orchester aufschreibet, darunter Herr Kolb, und H: Ranftel öffters erwehnet wird.

Der »Flautroversist« (Flauto traverso = Querflöte) war wahrscheinlich Joseph Tacet.
Der Geiger Zacharias Joachim Franz de Paula Kolb (1752–1817) und Franz Anton Matthias Ranftl (1749–1820) waren Freunde Wolfgangs.

London den 8. Junii 1764

Ich habe schon geschrieben daß ietzt alles aus der Statt ist. Der 5. Junius war der einzige Tag an dem man etwas versuchen kunte; weil den 4.ten des Königs Geburts Tag war. Es war mehr um eine Bekanntschaft zu machen; und 8 Tag Zeit, ja nur 2 oder 3 täge waren es, wo man die Billets vertheillen konnte, weil eher niemand fast in der Statt ware. Und, sehen sie! da sonst zu einem solchen Concert, 4 bis 8 Wochen gebraucht werden, um die Billets, die man hier Tickets nennt, zu vertheilen; so haben wir, zu aller verwunderung, nicht mehr als ein paar hundert, aber die ersten Personen in ganz London gehabt; nicht nur alle Gesandten, sondern die ersten Familien Engellands waren zugegen, und das vergnügen war allgemein. Und ich kann noch nicht sagen, ob mir 100 guinées profit bleiben, weil ich noch die gelder von Milord March für 36 Billets, dann für 40 Billets von einem Freund aus der Statt, dann noch verschiedene andere nicht in Händen habe: und die Unkösten erstaunlich gross sind. Weniger als 90 sind es gewiß nicht.

Das Konzert fand im Great Room in Spring Garden statt.

»Milord March«: William Douglas (1724–1810), 3rd Earl of March, 1760 bis 1789 Lord of the Bedchamber

Nun hören sie etwas weniges von den Unkösten! für den Saal ohne Beleichtung und Musick Bulter etc. 5 guinées. für iedes Clavier, deren ich 2 haben muste, wegen der Concert mit 2 Clavecins, einen halben guinée. iede Person, deren 2 waren, nämlich ein Sängerin und ein Sänger, bekommt 5 bis 6 guineés. Der erste Violinist 3 guineés, etc. so auch alle die Solo und Concert Spiellen, 3, 4 und 5 guinées. Die gemeinen Spieler ieder einen halben guinée etc. allein ich hatte das Glück, daß mich die ganze Music nur 20 guinées sammt dem Saal und allem gekostet hat; weil die Music die meisten nichts angenohmen haben.

»Musick Bulter«: Notenpulte

»Clavecin«: franz., das Klavier, der Flügel; deutsch Cembalo, englisch Harpsichord

8. Juni   1764

In London gründete um 1728 der Deutschschweizer Burkhardt Tschudi (1702–1773) eine Klavier-Baufirma.

Burkat Shudi mit seiner Familie. Ölgemälde

Das älteste Cembalo von Burkat Shudi – wie er sich nannte – ist aus dem Jahre 1729 erhalten. Die spätere Standardausführung umfaßte 2 Manuale, 3 Register (2 x 8', 4'), Lauten- und Harfenzug. 1772 übernahm John Broadwood (1732–1812) die Firma, die noch heute existiert.

Cembalo von Burkat Shudi und John Broadwood, London, 1775

Daß man ein Thor bey dem Holfstall machen will, war schon ein alter Gedancke. Er ist auch sehr gut, und es lässt sich etwas sehr schönes hier anbringen; Allein ich möchte einen franzosen und ein Engelländer dahin wünschen, um diese Sache schön und bald auszuführen; ja ich wäre begierig den Plan davon zu sehen. Ein Franzoß wäre noch geschickter dazu, als ein Engelländer. Ich habe viel schöne Sachen gesehen, die in diesem Handl einschlagen. Ich bin froh daß ich es weis, daß ein neues Thor gemacht wird, damit ich nicht zum unrechten fahre, wenn ich komme.

Geplant war der Durchstich durch den Mönchsberg. Das Neutor oder Siegmundstor wurde 1764 bis 1766 von Wolfgang Hagenauer, seit 1760 als Hofbaumeister für das gesamte Bauwesen des Salzburger Erzstiftes verantwortlich, errichtet und war eine technische Meisterleistung für die damalige Zeit. Der Mönchsbergtunnel ist 135 m lang und 12 m breit und diente der Erschließung des Stadtteils Riedenburg.

Mr. Mozart chez Mrs Charles Loubier
et Teissier Banquiers. Austin-Friars London den 28. Junii 1764

Wir gehen zu Ende der kommenden Woche nach Tunbridge etwa 30 eng: Meilen von hier; daß man in 3 oder 4 Stunden auf der Post macht, denn eine englische Meile ist nicht mehr als eine Teutsche Viertelstunde. Es ist ein Gesund Baad alda und liegt im Ecke zwischen Aufgang und Mittag, wo sich sehr viele Noblesse im Julio und August versammelt: denn ietzt bleibt niemand, wer Zeit und Vermögen hat, in London. Wenn sie mir nach der obigen Addresse zuschreiben, so erhalte ihr schreiben richtig, denn diese Herrn wissen allzeit, wo ich bin.

»zwischen Aufgang und Mittag«: in südöstlicher Richtung von London. Dieser Ausflug fand wegen der Erkrankung Leopolds – er schildert sie in seinem Brief vom 3. August – nicht statt.

Nun muß ich ihnen doch einen kleinen Geschmak von dem Preis der Sachen in London geben. das Quartier so ich habe ist zu klein für uns und bestehet in 3 kleinen Zimmern, deren eines und auch das zweyte etwas grösser, das 3.te aber nicht einmahl so gross als das Cabinetl in unserm Quartier zu Salzburg ist. Dafür zahlen wir wochentlich 12 Schilling. Nun wissen sie, daß 21 Schillings ein guinée ist. Wenn wir nicht gewust hätten, daß wir ohnehin aufs Land giengen, so hätten wir es gleich abgeändert: wir müssen ein Quartier haben wenigst für 18 Schilling oder einen guinée wochentlich weil nichts als Leute von Distinction zu uns kommen, weil ein paar Flügel einen grossen Platz weg nehmen, und wir dermahl nur einen mit Noth stellen können; und weil die Lage und grösse des Quartiers in einer so volckreichen Statt, wo so viel Dampf, Rauch, Staub, und Nebl ist, vieles zur Erhaltung der Gesundheit beyträgt.

Ein guinée = 8 fl.

Für einen Flügel mit einem Manual bezahlt man monat: $^{1}/_{2}$ guinée: mit 2 Manual einen Guinée. Der Wohlfeilste Wein ist der Wein von Florenz à 2 Schilling die Buttelien: Das sind in stroh eingeflochtene Boutellien wie die Monte Bul: Boutell: folglich wird man, wenn ich und meine Frau davon trincken und den Kindern etwas weniges unter das Wasser giessen, da das pure Wasser nichts nutz ist, gar leicht des Tages mit einer Bout: fertig. Das sind also 60 Schilling des Monats nur Wein. Wir wollten uns anfänglich zum Bier gewöhnen: Allein, sowohl ich als meine Frau wurden bald gewahr, daß es unserer Gesundheit höchst schädlich ware; wir musten es bleiben lassen.

Der Wein aus Florenz heißt Montepulciano.

Die Mittagsmahlzeit, die um 3 Uhr ist, kostet 4 Schilling. Wir glaubten es mit 3 Schilling zu machen; wir kammen zum 4.ten Tracteur: allein es war nicht möglich. des Abends können wir eine blosse Suppe unter 8 Pennys oder Sols, ein wenig eingemacht kalbfleisch unter einem Schilling nicht bekommen. Ein Hendl kostet 2 Schilling. Ich habe ihnen schon gesagt, daß 12 Pennys oder Sols ein Schilling ist. Nun sage nichts von Zucker, Theé, Milch, Brod etc. von Kohlen |: kein Holz wird nicht gebrannt :| und von Kerzen und Nachtlicht-Kerzen: dann man brennt statt Oehl eigens gemachte Kerzen, die einen hölzern Tocht haben. Ich sage ferner nichts von Puder, Pomad etc.

und vielen kleinen Hausausgaben: noch weniger von Kleidung, und von dem wochentlichen Wascherlohn, welches mit Einrechnung der seidenen Striempf kein kleiner Articul ist. – – -

»Tracteur«: Traiteur, Gastwirt
1 Penny = 2 kr.

Wenn sie dieses alles überschlagen, wo mir doch nicht alles beyfällt, so werden sie eine erstaunliche Ausgaabe finden. Dazu gehört aber noch eine unumgängliche Divertissements Ausgaabe. Denn so bald gut Wetter ist, muß man aus der Statt gehen oder fahren und Luft schöpfen, wenn man anders gesund bleiben will. Da sehen sie im S:ᵗ James Park, oder im green Park oder im Hyde Park viele 100 Menschen auf und nieder spazieren. Wollen sie nach Chelsea, nach Ranelagh, nach Mary-le-Bone, nach Vauxhall etc. gehen oder fahren, so ist gleiche eine guineé aus dem Sack; und bey der grösten Hauswirtschaft, die sie machen, därffen sie immer 3 guineés monathlich auf solche Ausgaaben rechnen.

»Divertissement«: frz. die Vergnügung, Ergötzung, Belustigung, der Zeitvertreib

»St. James's Park«, »green Park« und »Hyde Park« sind Königliche Parks.

Chelsea war seit 1750 eines der beliebtesten Ausflugsziele der Londoner. Es lag damals zwei englische Meilen von London entfernt und war bekannt für seine gute Luft. Von 1745 bis 1769 bestand hier eine Porzellan-Manufaktur.

A View of the Hospital at Chelsea, & the Rotunda in Ranelagh Gardens. Kupferstich. Vedute aus dem Nachlaß Leopold Mozarts

28. Juni 1764

Ranelagh, ein Dorf bei Chelsea, war berühmt durch seinen Garten und die Rotunde.

Die Rotunde in den Ranelagh Gardens.
Kolorierte Radierung von Thomas Rowlandson, um 1790

Mary-le-Bone war 1763 ein freundlich gelegenes Dorf mit öffentlichen Gärten.

A View of St. Mary-le-Bone, from the Bason, Kupferstich.
Vedute aus dem Nachlaß Leopold Mozarts

Vauxhall-Garden, südlich von Lambeth Palace an der Themse gelegen, ist der älteste und damals weltberühmte Unterhaltungsort Londons.

Von den Fiacres und Carosses de Remise sage ich gar nichts, weil ich sie seltner als in Paris nöthig habe; dann erstlich ist der Weg an den Häusern gut, und der fahrweg elendig: man gehet also lieber zu Fuß, als daß man gefahr läuft ein paar Rippen im Leib zu zerbrechen. Zweytens wohne ich im Theil von Westminster; ich bin also dem Adel nahe. Doch müssen wir die Kutsche oft genug haben. Dem Fiacre bezahlet man für eine einzige nicht weite fahrt einen Schilling, auch 15 und 18 Penys.

Londoner Hackney aus dem Jahre 1783

Eine Carosse de Remise oder Lechenkutsche kommt nur für einen halben Tag sammt dem Trinckgelt auf 15 bis 16 Schillings. Was meinen sie liebste Frau Hagenauerin, was eine Dienstmagd hier in einem Wirtshauße, Kaufmannshause, oder in sonst einem Hause, wo es viel zu thun giebt, jährlichen Lohn hat. – – 10 guinées, auch 12 guinées. NB: ohne die Trinckgelter, die hier ganz erstaunlich im schwange sind.

Der Ordinarie lohn in einem gemeinen Hause sind 5 und 6 guinées; ein domestique Herrn Bediennter, Laquai etc hat weniger nicht als die Woche einen guineé, und seine Kleidung und trinckgelter. die Kost muß er sich aber selbst anschaffen. Alle Handwerksgesellen müssen sich Kost und Zimmer selbst anschaffen, und kommen zum Meister in der frühe zur rechten Stunde zur Arbeit. Z: E: ein Peruckenmacher Gesell hat gewöhnlich 2 Schilling des Tages muß um 6 Uhr zur Arbeit kommen. Es giebt auch einige die 3 Schilling haben. Die meisten guten Arbeiter haben wochentlich eine guineé. Ein Goldarbeiter gehet um 9 Uhr erst zur Arbeit und um 6 Uhr wieder davon etc. aus diesem wenigen können sie schon abnehmen, was London ist. – –

28. Juni 1764

Nun etwas von Ranelagh und Vauxhall. – – Dieses sind 2 Gärten, die in ihrer Art ihres gleichen in der Welt nicht haben: solche gänzlich zu beschreiben wäre nicht möglich. Allein ich werde seiner Zeit, wenn Gott will, nicht nur von diesen, sonderen von vielen anderen Sachen sowohl von Paris als London die Abbildungen in Kupfer mitbringen. dann lässt sich eine mehrere Erklärung davon machen. ich habe bereits um 2 Louis d'or Kupferstiche in Paris liegen.

Inneres der Rotunde im Garten zu Ranelagh.
Kupferstich von Johann Friedrich Leizelt (1700–1775)
nach Bernardo Bellotto, genannt Canaletto

Der Garten zu Ranelagh ist nicht groß, aber artig, dieser wird alle Montag, Mittwoche und Freytag illuminiert. In demselben ist ein erstaunlich grosser Runder Saal zu ebenfuss hinein, welcher mit einer unbeschreiblichen Menge grossen Hängleuchter, Lampen und Wandleuchtern beleuchtet ist. An einer Seite ist die Musick staffelweis angebracht, und an der Höhe eine Orgel. 3 Stunde dauert die Musick, von 7 Uhr bis 10 Uhr: dann eine Stunde und oft länger, nämlich bis 11 und 12 Uhr werden quartetten gespielt von Waldhorn, Clarinetten und Fagott. In der

Mitte ist ein grosser Camin, da man, wenns kalt ist feur macht, dann dieser Garten wird schon im Merz oder april eröffnet; dann die meiste diversion ist im Saal. Um den Camin sind vielle Tische, und an den Wänden des ganzen Saales sind lauter einbüge oder Arten von alcofen oder kleine Capelln, in iedem ein Tisch, und über eine Stiege hinauf eben so viele Logen, wie in einem Comoedien Haus, auch mit so viel Tischen. Auf iedem Tische stehet alles was zum Coffeé und Theé trincken nötig ist. Beym Eingange in den Garten zahlt iede Person 2 1/2 Schilling. Für dieses hat er Coffeé, Thée Butter und Brod, so viel er essen und trincken mag. Hier hat man Platz noch über daß in der Mitte spatzieren zu gehen, wie dann auch immer 2 bis 3 auch 4500 Menschen in der Runde herumspazieren und immer einander begegnen. Damit aber theils linder zu gehen ist, theils kein Lerm von gehen entstehet: so ist der Boden durchaus mit einer von Strohe fein geflochtnen Matte oder Teppich bedeket. im Garten und Saal haben wenigst 6000 Menschen Platz. Der Saal allein fasset bequemme 3000 Menschen. Jeder Bedienter oder Aufwarter hat einen Schild auf der Brust, darauf die Numern sind von der Loge oder Capellen die er zu bedienen hat. Hier ist ieder Mensch gleich, und kein Lord giebt zu, daß man mit blossen Haupt vor ihm stehet: für sein Geld ist iedermann gleich.

Vauxhall ist alle Tage. Ranelagh wird bald aufhören, indem so bald die grosse Hitze kommt alles nach Vauxhall laufft. Freytags den 29ten Junii nämlich in Festo S: Petri et Pauli wird in Ranelagh ein Concert oder Benefit zum Nutzen eines neu aufgerichteten »Hospitals de femmes en Couche« gemacht. folglich muß iede Person 5 Schillings entreé zahlen. Ich lasse den Wolfgang: ein Concert auf der Orgel da spielen und dadurch einen Act eines englischen Patrioten, der, so viel an ihm ist, den Nutzen dieses pro bono publico errichteten Spittals zu befördern suchet, auszüben. sehen sie, das ist ein weeg sich die Liebe dieser ganz besonderen Nation zu erwerben.

Das Konzert war ursprünglich für den 27. Juni angesetzt, mußte aber auf den 29. verschoben werden, weil ein Diener das Paket mit 800 Eintrittskarten verloren hatte.

28. Juni   1764

Vauxhall ist etwas, daß mich in Erstaunung gesetzt hat, und unmöglich zu beschreiben ist. Ich habe mir die Eliseischen Felder vorgebildet. Stellen sie sich einen ungemein grossen Garten vor, der alle Arten von Alleen hat, die alle wie der helle Tage mit viel 1000 Lampen, die alle in den schönsten Gläsern eingeschlossen, beleichtet sind. In der Mitte ist ein Art von einem hohen offnen Sommerhause, darin eine Orgel und die Musick mit Trompeten und Paucken und allen Instrumenten zu hören ist. Auf allen Seiten Eggen und Plätzen sind gedeckte Tische, dan gewisse NB: regulair angelegte Gebäude, wie Logen mit Tischen; Ein grosser Saal der sehr schön ist, mit einer Orgel und Musick Chor; die Beleuchtung an dem Ende der Alleen theils wie Pyramiten, theils wie Bögen bezauberend angeordnet, und so, daß ich nicht wuste, wo ich meine Augen hinwenden sollte. Stellen sie sich meine Frau vor, in was für einer verwunderung sie war.

»die eliseischen Felder«: elysäische Felder oder das Elysium, nach der Beschreibung der ältesten Dichter das Land oder der Ort der Seligen

Hier zahlt iede Person nur einen Schilling: und für diesen Schilling hat man das vergnügen viel 1000 Menschen, die schönst beleuchteten Garten zu sehen und schöne Music zu hören. wie ich da war, waren über 6000 Menschen da. 1 Schilling ist nicht viel. allein man weis wohl, das man mit einem Schilling hinein kommt: doch man weis nicht wie man herauskömmt. Man mache nur den vesten Vorsatz kein Geld zu verzehren; weit gefehlt. Man gehet hin und her; man wird müde; man setzet sich nieder; Endlich lässt man sich ein Bout: Wein geben, etwa einige Biscuit dazu, das kost gleich 4 bis 5 Schilling, endlich sieht man ein paar Hendl tragen, man winkt ihnen; sie kommen; sehen sie so werden die guinées aus dem sack gelockt. Wem die illumination von viel 1000 Lichtern zu viel düncket, dem sage ich, daß in einem einzigen Glaß, so ein Liecht vorstellet, allzeit 2 Lampen, in deren vielen 3 und 4 Lampen sind. dieß ist etwas, daß in der ganzen Welt nicht seyn kann, als nur hier, weil täglich solche unkosten zu machen weder die Privat Leute alleine, weder der Adl alleine zu unterhalten im Stande ist, und nirgends sind der Adl und der gemeine Mann so vereinigt als hier; folglich kann ein solche kostbares Unternehmen nirgends als in Engelland Soutinirt werden.

Nun sind mir die finger müde, empfehle ich mich ganz Salzburg: meine Frau empfehle ich samt der Nanerl und dem Wolfgang: welcher oft genug nach Salzburg denckt. ich bin
Der Alte

»Soutinirt«: franz. soutenir, unterstützen

p:s: den 18ten dieß war Mittags id est nachmittag um 2 uhr ein erstaunliches Donnerwetter, so unter andern in einen Kirch Thurn in dem Theil der Stadt unfern der themse eingeschlagen, und ein ganzes quatrat herunter geworfen. Es war eine Art wie es damahls zu Mülln in dem thurn und in die Kirche schlug.

Es fuhr auch dem uhr drat nach. 2 Millords sagten mir letzlich, daß in china von jedem Haus ein drat bis auf die Erde herunter gehe, und daß man die Wirckung davon allzeit hätte, daß sich der Donner an dem Drat angehänget, und in die Erde gefahren, ohne die Hauser zu beschädigen.

Eine Art »Blitzableiter« kannten schon die Priester der alten Kulturvölker (Ägypter). 1752 wies Benjamin Franklin (1706–1790) die elektrische Natur des Blitzes nach – den ersten Blitzableiter errichtete er zum Schutz des Wohnhauses eines Kaufmanns in West zu Philadelphia. Die erste Ableitungsmaschine für Blitze wurde von Prokopius Divisch 1754 zu Prendiz bei Znaim in Mähren errichtet.

*Benjamin Franklin.
Stich von G. Gallina*

3. u. 9. August   1764

London den 3.ten aug: 1764

Erschrecken sie nicht! allein, bereiten sie nur ihr Herz eine der traurigsten Begebenheiten anzuhören. Vielleicht kennen sie es schon an meiner Schrift in was für Umständen ich mich befinde. Der grosse Gott hat mich mit einer gähen und schweren Kranckheit heimgesucht, die zu beschreiben ich zu schwach bin. genug! man hat clystiert, purgirt, und wegen einer starken inflammation im Halße auch Adergelassen. Nachdem nun dieses alles vorbey, und nach dem Ausspruch des Herrn Medici ich ohne fieber bin; so heist es, ich soll essen, allein ich bin wie ein Kind. der Magen hat keine Lust etwas zu haben, und ich bin so schwach, daß ich kaum vernünftig dencken kann. dieß dauert nun schon etliche Täge, daß ich

Der Brief bricht hier ab ...
Am 8. Juli 1764, nach einem Konzert bei Mylord Taneth, erkrankt Leopold Mozart schwer. Die Familie übersiedelt daher am 6. August zur Familie Randal in der Five Fields Row, am Rande der Vorstadt Chelsea, wo sie 7 Wochen bleibt.

Den 9.ten Augusti.

Ich gratuliere zu dero Nahmens Fest! ich glaubte gleich nach dem Empfang dero werthesten Zuschrift ihnen zu antworten: allein ich war gar zu schwach. Ich befinde mich nun eine Stund ausser der Stadt, dahin man mich in einem Tragsessl gebracht, um durch die Luft zu besserm appetit und zu neuen Kräften zu kommen. Es ist eine der schönsten Aussichten der Welt. Wo ich hinsehe, sehe ich nichts als gärten und ferne die schönsten Schlösser: wie ich denn bey dem Hause selbst einen feinen Garten habe. Es kommt auf die Gnade Gottes an, ob er mich erhalten will: Sein heiligster Wille geschehe. Ich bin erst seit dem 6.ten Abends hier. Das Vergnügen so man an der freyen und frischen Luft hat, ist hier ohne Wiederspruch höchst angenehm; hingegen weis man nicht wie man mit dem Essen zu recht kommen solle: Noch mach ich mir wenig Hoffnung so bald zu besseren Kräften zu gelangen. Die Kranckheiten kommen auf der

1764 9. August

Extra Post, die Gesundheit kommt auf der Schnekenpost. – – – Wenn nur keine Abzehrung daraus wird. ich werde gewiß nicht ermanglen meinen freunden bald von meinem Gesundheits Umständen Nachricht zu geben. das allernothwendigste nun, um was ich bitte ist; So bald es möglich: folgende heilige Messen lesen zu lassen. 7 heilige Messen zu Maria Plain. 7 zu Loreto beym heiligen Kindl. 2 bei der heiligen Walburgis, weil nirgends solches Bildniß ist, als in der Kirche im Nonnberg. 2 heilige Messen in der S. Wolfgangi Capellen zu St: Peter, und 4 heilige Messen bitte durch einen Freund in Passau auf dem Mariahilfberg zu veranstalten, daß sie gelesen werden.

Maria Plain, Wallfahrtskirche bei Salzburg, von 1671 bis 1674 von Giovanni Antonio Dario erbaut. Das Gnadenbild von 1657 – in versilbertem Rocaillekranz – stammt von Chr. Chach aus Salzburg.

Maria Plain bei Salzburg: Wallfahrtskirche. Aus einem Stich von Philipp Kilian nach J. F. Paret. Ende des 17. Jahrhunderts

Die Loretokirche steht in der (heutigen) Paris-Lodron-Straße. Auf dem Altar ist das bekannte »Loreto-Kindl« aufgestellt, eine ca. 10 cm hohe Elfenbeinfigur des Christkindes in kostbarer Gewandung.

Die »Kirche im Nonnberg« ist die Kirche des Benediktinerinnen-Klosters. Die hl. Walburgis (ca. 710–779) wirkte als Äbtissin im Doppelkloster Heidenheim. Walburgis ist einer der Vornamen der Mutter Mozart und Nannerls.

9. August 1764

St. Peter, das älteste Benediktinerkloster auf deutschem Boden, wurde um 690 gegründet.

Die Wallfahrtskirche »Maria Hilf« befindet sich in Passau oberhalb der Innstadt.

Die erschröckliche Feuersbrunst im hochfürstlichen Priesterhaus hat uns allen die Thränen in die augen getrieben. Liebster Herr Hagenauer! es ist nicht genug, daß man oft die Rauchfänge kehren lässt: sie sollen auch oft visitirt werden, ob keine Spaltung im Rauchfange zu finden. Daß beständige starke Feuer, und dann des öftere kehren, krazen, und hauen der Caminfeger macht endlich das Gemäuer mürbe.
ich bin müde. so bald ich mich besser befinde, so werde mehr schreiben. Gott erhalte Salzburg; aber auch mich! wenn es ihm beliebt. ich bin dero ergebnester – – –
Meine Addresse bleibt alzeit die nämliche an die Banquiers charles Loubier et Teissier.

»Priesterhaus«: das Priesterseminar neben der Dreifaltigkeitskirche.

Chelsea bei London   Den 13.^(ten) Sept: 1764

Ich habe beobachtet, daß unsere Briefe allzeit 16 bis 17 Täge gelauffen sind: denn bisher hatte ich allzeit den 17.^(ten) Tag ihr Schreiben richtig oder wenigst den 18.^(ten) bey Zeiten. Dissmahl ist es noch geschwinder zugegangen; denn ich hatte ihr Schreiben schon den 11.^(ten) und Mr: Tessier erhielt es den 10.^(ten) folglich, da sie unterm 2.^(ten) aug: geschrieben, so war der Brief in 14 Tägen hier. Genug! unsere Correspondenz gehet bis diese Stunde, obwohl wir so entfernt sind, richtig. vor die genaue Befolgung der heil: Messen, dancke ich gehorsam: und berichte, daß ich mich von Tag zu Tage, obwohl sehr langsam, doch immer besser befinde; so daß ich wenigst sicher hofen darf, daß ich keinen innerlichen Hauptmangel habe. damit sie aber doch den Ursprung meiner Kranckheit wissen; so muß ich ihnen sagen, daß es hier eine Art von einer Landkranckheit giebt, die man eine Verkältung nennet, Desswegen sehen sie hier fast gar keinen Menschen, der ein Sommerkleid trägt; sondern alles trägt Tüchene Kleider. Diese so genannte Verkältung ist bey Leuten, die sohin innerlich nicht richtig sind, so gefährlich, daß bey vielen ein Consumption, wie sie es hier nennen, daraus entstehet; ich nenne es aber Febrem lentam: und für solche Leute ist der beste Rath; Engelland zu verlassen und über das Meer zurück zu kehren; wo man dann viele Exempel hat, daß solche bey der Lands-veränderung, sogleich sich besser befunden haben.

Stephen Teissier ist Teilhaber des Bankhauses Loubier & Teissier.

»Consumptio«: lat. die Verzehrung, Abnutzung, Auszehrung

»Febrem lentam«: eine Eigenprägung Leopolds, Akkusativ von »febris lenta«, langsames Fieber

Diese Verkältung habe ich unvermuthet erwischet, und zwar so: den 8. Julii abends um 6 Uhr sollten wir zum Mylord Taneth kommen. ich schickte vor 6 Uhr auf die Plätze, wo die Kutschen stehen; allein es war keine zu haben: es war Sontag; folglich waren alle Kutschen weg. Es war der schönste und heißeste Tag. ich ließ einen Tragsessel kommen; setzte beyde Kinder hinein, und ich gieng zufuß hinten darein, weil das Wetter so ausserordent-

13. September 1764

lich schön war: allein ich dachte nicht, wie geschwind hier die sesselträger gehen; ich erfuhr es aber. ich kann ziemlich gehen, sie wissen es, und das Fleisch hindert mich im gehen keineswegs. Kurz bis wir zu Mylord Taneth kamen, glaubte ich öfters, es wäre unmöglich mehr zu folgen: Denn London ist nicht Salzburg. ich kam demnach in den grösten Schweis den man haben kann. ich hatte nichts als eine seidene Weste an, doch einen Rock von Tuch; den ich gleich in dem Hause des Mylord Taneth zu knöpfte. allein das half nichts: der Abend war frisch; alle Fenster waren offen. wir blieben bis 11 Uhr da, und ich empfand mich gleich übel, und nach Hauße ließ ich mich in einem zweyten tragsessel tragen.

Doch gieng ich bis den 14.ten noch so herum ohne mich recht zu geben. ich suchte durch das schwitzen, so hier das allgemeine Mittel ist, dem Übel abzuhelfen; allein es wollte nichts helfen. ich nahm eine leichte Laxier, allein umsonst. Die Hauptsache aber war, das ich ein starckes Halswehe hatte. Es war die Mandl wie scharlach entzündet, und alle Gurgelwasser halfen nichts. Man muste mir Aderlassen: denn ich konnte kaum mehr Suppenbrühe hinunter bringen.

»*Mylord Taneth*«: *Lord Sackville Tufton, 8th Earl of Thanet (1733–1786)*

»*Laxier*«: *Abführmittel*

Das Halswehe ließ nach der Aderlaß bald nach; allein ich hatte immer ein fieber, keinen appetit, und es war mir auch verboten nichts als schlechte Suppenbrühe zu nehmen.

Reiseapotheke.
18. Jahrhundert

Nun folgt die umständliche Geschichte des weiteren nächtlichen Krankheitsverlaufs und die genaue Beschreibung der vom Arzt verordneten Rezepte. Leopold berichtet weiter:
Ich war gänzlich entkräftet, und der Magen war ganz verdorben; und da der Medicus den 25.ten kam, so war er etwas verlegen, und sagte: ich wäre kein Subiectum, viele Medicamenten zu nehmen, ich sollte nun essen, und durch speisen nach und nach sehen zu Kräften zu kommen; und so verlies er mich: Allein der alte ehrliche Giordani, der Zeit meiner Kranckheit alle Tage 2mahl kam mich zu besuchen, ließ mich aufstehen, im Zimmer hin und her führen; einige Zeit in einem Lehnsessel sitzend meine Suppe essen: und da ich essen sollte, ohne daß man dem Magen zu hilfe gekommen, der so schwach und elend war, daß ich nicht einmahl im Stand war mein Händlbiegel zu essen, so brachte mir ein Freund, Namens Sipruntini, der ein gebohrener Jude ist einen Medicum seinen Vetter, der ein Portugiesischer Jude war, und dieser kam durch ein Rhabarb:Pulver, dazu er magenstärkende Sachen gemischet, und das mir eine gelinde Evacuation gemacht, und durch einen gewissen Tranck, davon ich 4 Täge alle Tag eine kleine Coffeé Schalle voll 3mahl nehmen muste, und ich ieden Tag frisch bekam, meinen Magen wieder in so guten Stand, daß ich nicht nur nach und nach mehr Appetit bekam, sonder, da ich in Chelsea einige Tage war, bald einen ordentlichen Hunger spürte. So bald es recht schön Wetter machte, muste ich mich in einem Sessel in den S:t James Park tragen lassen, und das geschahe den 29.ten Julii; da muste ich an einen schönen Platz unter die Bäume gestellt werden, wo ich dann wie ein Vogel nach der frischen Luft schnappte. Vom 29.ten Julii bis 4.ten aug: war abscheuliches Regenwetter. Unter dieser Zeit nahm ich des besagten Hebräischen Medici ordinirte Medicinen. den 5.ten aug: ließ ich mich nach Chelsea tragen um ein Haus zu miethen, und den 6:^ten trug man mich hinaus solches zu bewohnen. Nun wissen sie alles.

»Händlbiegel«: Hühnerschenkel

»Sipruntini«: Emanuel Sipurtini, Cellist und Komponist. Er hatte Italien und Spanien bereist und befand sich seit 1758 in London.

13. September 1764

Noch eins! ich empfand in meinen gliederen nach dem ich vom Bette Aufstand, ein gewisses anspannen; so daß ich die hand und Finger kaum ausspannen, und keine Bewegung der Nerven ohne schmerzen machen konnte. Ich zeigte natürlicher Weise dem Jüdischen Medico die Recepten der gebrauchten Medicamenten; Er sagte gegen mich kein Wort dawieder: Allein nach der Hand im weggehen schmähte er wieder den Medicum, den er nicht kennet, und sagte, daß er durch das 2mahl mir gegebene Opium die Nerven angegriffen habe.
Der obbemelte Sipruntini ist ein grosser Virtuos auf dem Violoncello, er ist eines Holländischen Juden Sohn. Er fand den Jüdischen Glauben und ihre Ceremonien und Gebote, nachdem er Italien und Spanien durchgereiset, lächerlich: er hat solchen glauben demnach verlassen; doch weis ich noch nicht, ob er sich tauffen lassen, und da ich nächstens von Glaubenssachen mit ihn sprach, so fand ich aus allen seinen Reden, daß er sich dermahlen begnüget, Einen Gott zu glauben, diesen beförderst, dann seinen Nebenmenschen wie sich selbst zu lieben, und als ein ehrlicher Mann zu leben. Ich gab mir Mühe ihm Begriffe von unserm Glauben beyzubringen, und ich brachte es so weit, daß er nun mit mir eins ist, daß unter allen christlichen Glauben, der Catholische der beste ist. Ich werde mit nächsten wieder eine Attaque machen: dan man muß ganz gelinde darein gehen. Gedult! Vielleicht werde ich noch Missionarius in Engelland.

Während der Krankheit des Vaters schrieb Wolfgang 43 Stücke auf, einfache zweiteilige Tänze, Rondos und Sonatensätze. Es sind »Übungen«, die ohne die Hilfe des Vaters entstanden sind.

1764   13. September

Leopold schildert nun den englischen Tagesablauf ...

Die ganze Lebensart der Engelländer ist von der unsern, wie der Tag von der Nacht, unterschieden. der gemeine Bürger, die alle NB: vermögliche Leute sind, und wo sie eine Schneider- und SchusterFrau von keiner Mylady unterscheiden, ausgenommen, daß die erstere gemeiniglich noch schöner gekleidet ist, als die letzte, die wenn keine besondere Ursache ist, wenig Staat macht; der Bürger, sage ich, hat folgende Ordnung. Morgens trinckt er, seine ganze Familie, so gar die Magd Theé, der über alle maassen stark und recht von der Menge der Kräuter bitter ist; darein schütten sie allzeit ein klein wenig Milch oder Rahm und essen eine Menge butter-Brod dazu, welches auf dünnen Brodschnitten schon auch dünne aufgestrichen hergetragen wird. Gemeiniglich werden auch einige Butterbrodschnitten vorgesetzt, die samt dem darauf gestrichenen Butter bey der Glut gebähet sind. Der Herr vom Hauße lässt sich dann gemeiniglich ein paar Stunden hernach einen guten Pot Porter oder Strong-beer schmecken, welches das Starke Bier ist. Es giebt dreyerley Bier Porter oder Strong-Beer; so das starcke Bier ist: Ale; so das leichte Bier heist: und Purl, nämlich Wermuth Bier.

»Porter«: englisches, tief dunkelbraunes, alkoholreiches obergäriges Bier mit 12–16 % Extragehalt. Angeblich soll es besonders von Londoner Lastträgern, den »porters«, getrunken worden sein.

»Purl«: ein Bier, in dem ein bitteres Kraut (wormwood, Artemis absinthium) gezogen hat. Es wurde heiß und mit Wacholderbranntwein (Gin) vermischt serviert.

Um 2 Uhr ist die Mittags Tafel; diese bestehet in einem grossen Schöpsernen Schlägel der gebraten ist, oder in einem Roasted Beef, das ist den englischen Rindsbraten, der unter dem Nammen Rost Biff in Teutschland bekannt ist; weil es nach der englischen Aussprache fast so lautet. dazu haben sie gesotene Erdäpfel, oder Bohnen, die werden nicht zugerichtet, sondern in einem besondern kleinen Geschirre wird zerlassne heisse Butter hingestellt, davon ieder auf die herausgenommenen Erdäpfel oder Bohnen

13. September   1764

nach belieben schüttet. Oder sie haben statt dieser zuspeisse für eine delicatesse zu Zeiten Plumb-pudding, das ist in Teig eingeschlagne Rosinen, oder auch rechte Äpfel. so eine Art einer Torte vorstellen soll; aber in der that elend und schlecht gemacht ist. Dieses lässt man gleich beym Pastetten Bäcker holen, und isset es kalt. Sie essen auch Zwiebeln, wie die Panduren. Gleichwie sie auch nicht nur die warme, sondern die gestockte Fette mit gusto hineinfressen. Die Kinder und die Magd trinken leichtes Bier, und haben die Freyheit nach belieben zu dem fässe zu gehen den ganzen Tag hindurch; denn hier trinckt niemand Wasser, Herr und Frau trincken Starck=bier.

Um 5 Uhr herum, wird abermahl mit dem nämlichen Umständen, wie in der Frühe Theé getruncken. Nachts gegen 8 oder 9 Uhr wird der mittägige schöpsene Schlägl oder Roasted-Beef wieder aufgesetzt. Nun ist zu wissen nothwenig, daß der Schlägl oder Rindsbraten am Sonntage warm auf den Tisch kommt. Hernach wird immer die ganze Woche für iede Person nur ein klein schnittzchen abgeschnitten, so lange es dauert, und Abends nehmen sie Speck oder Käß oder Butter, streichen es auf Brod und bächen oder rösten es. Mit einem Worte sie essen wie die Panduren.

»Schöps«: Hammel, mittelhochdeutsch schöpez

Ein Pandur ist ein »ungarischer Soldat zu Fuß, ursprünglich von dem Dorfe Pandur in Niederungarn«.

Leute nun, die kostbarer leben, deren es genug giebt, halten was den Theé morgens und abends anbelanget die nämliche Ordnung, nur das auch Coféé und choccolate, mit Zimmet gesottene Weine, Rosolie, gefrornes etc. und anderes gewis kostbares aufgesetzt wird. Diese Speisen um 4 Uhr auch um 5 Uhr zu Mittag, bey iedem Tellerwechseln werden auch Messer Gabeln und Löffel mit hinausgegeben. Da wird man |: wie in Teutschland :| tractirt. Nachdem Tisch wird das Tischtuch abgenommen, und die kostbahren Früchte bleiben da; da wird ieder Person ein klein Gläsl hingestellt, und in die Mitte werden viele Bouttelien mit Rheinwein, Spanischenwein etc. und anderen Weinen nebst Cyder

gesetzet, davon man nach belieben selbst einschenken mag: denn es wird immer eine Boute: nach der anderen von einer Person zur anderen auf dem Tische herum geschoben; so, daß ich mir einschencken oder die Bouteille weiterschieben kann. Cyder ist Äpfelwein oder Most. es sieht aus wie ein weisser Tyrolerwein, und ist sehr gut zu trincken, hat Geist, ist etwas weniges säuerlich, folglich sehr angenehm, und klar wie Gold; man sagt, er seye nicht ungesund. Wenn man aufgestanden, kommt Coffée. Es wird auch Punch angetragen. Obwohl Punch mehrentheils um ein paar Stunden später, dabey auch Thee und Rosolie oder Liqueurs aufgetragen werden. dann ist spiel, spazierfart und Musick.
Und die Noblesse Soupiert vor Mitternacht auch vor 1 und 2 Uhr nach Mitternacht nicht. um 12 Uhr Mittags stehen sie auf. Opera, Concerten und Comoedien fangen vor 7 1/2 Acht Uhr Abends nicht an. Punch, wird Punsch ausgesprochen, und ist ein getränck von Wasser, Rhum, Zucker und Limonien gesotten. Wird warm oder kalt getruncken nach belieben. Rhum ist ein Art eines Brandweins, so aus einer Frucht in Westindien gebrannt wird und ein Specificum für den Magen ist. Punch und eine Pfeife Toback ist das englische Element.

»Rosolie« ist ein Rosenschnaps.

Meine Frau hatte ietzt viel zu thun zeit meiner Unbässlichkeit und viele Sorgen, wie leicht sich einzubilden, und in Chelsea haben wir uns zwar Anfangs von Traiteur das Essen bringen lassen: da es aber schlecht ware, hat meine Frau selbst zu kochen angefangen, und wir befinden uns so gut dabey, daß wir in der Statt, dahin wir kommende Woche zurückkehren werden, auch selbst unsere Hauswirtschaft fortführen werden. Vielleicht wird meine Frau wieder fetter, denn dermahl ist sie mager geworden. Sie läst ihnen sagen, daß sie noch weiter nichts englisch verstehet, als den Nachtwächter, wenn er, zum Exempel, ausruft, »past ten a clock«, es hat 10 Uhr geschlagen, oder eigentlich nach dem Englischen: es ist passirt 10 Uhr. allein sie saget es nur aus demuth: sie weis auch »Good Morrow, Sir«; guten Morgen Herr und »How do ye do Sir«, wie befindet sich der Herr? zu sagen; nicht weniger kan sie antworten: »Very well; at your Service«, sehr

13. September 1764

wohl zu ihren diensten. und wenn sie mit einer englischen Magd deutsch, und jene mit ihr englisch spricht, da stelle ich mir alzeit das Gebäude des Babylonischen Thurms vor. An Ende lachen beyde zusammen, und spielen eine Pantomima.

Daß ich übrigens den ganzen Winter, wenigsten ganz gewiß hier verbleibe, und dieß meine Haubtärnten von einigen 1000 f:, wen gott will, seyn muß, werden sie selbst vorgestellt haben. Ich bin nun da, wohin sich keiner von Salzburger Hof noch zu wagen getraut hat, und wohin vielleicht keiner in Zukunft gehen wird. »Aut caesar, aut nihil« der weite weeg ist gemacht wenn ich einmahl aus Engeland bin, sehe ich keinen guinees mehr: Mann muß von der gelegenheit profitirn. wenn uns der gütige Gott nur die gesundheit schenket; so därfen wir uns um die guineès nicht sorgen. Es ist mir leid genug, das ich itzt von demjenigen zöhren muß, was ich hätte ersparen können. doch wie gott will: wir sind in Salzburg wie in London in seinen Händen. Er weis meine gute absichten. Nun kommen ein paar Monate wo ich genug zu thun habe, um die Noblesse recht auf meine Seite zu bringen. das kostet vieles herumgallopiren und bemühung. sollte ich aber meine absicht, die ich mir ausgedacht erreichen, so werde ich einen rechtschaffnen fisch oder vielmehr guineès fang machen.

Wir empfehlen uns der Jungfer Hausmeisterin, und wir danken für ihre gute aufsicht, und zweiflen nicht, daß sie unsre better zu zeiten hat an die Sonne bringen lassen. wir werden nicht ermangeln ihr etwas mitzubringen.

> *»Aut caesar, aut nihil«* bedeutet wörtlich: entweder Cäsar oder nichts; im Sinne von: alles oder nichts. Wahlspruch des Cesare Borgia (1475–1507), des natürlichen Sohnes des Papstes Alexander VI.
>
> Die *»Jungfer Hausmeisterin«* ist eine der Hagenauer-Töchter.

1764   27. November

Die Familie Mozart kehrte am 25. September 1764 nach London zurück und wohnte nun beim Miedermacher Thomas Williamson in 15 Thrift Street, Soho.

London den 27.ten Novb: 1764

Monsieur!

Wundern sie sich nicht, daß ich ihnen etwas später antworte, ich habe mehr zu thun, als sich mancher etwa einbilden wird, obwohl noch die Noblesse nicht in der Statt ist, und das Parlament, wieder die Gewohnheit, erst den 10.ten Jan: des künftigen Jahres zusammen kommet; folglich noch zur Zeit sich der guinées-Flug nicht sehen läst, und ich immer aus dem Beutl zehre. Nun ist es aber bald Zeit, daß ich wieder einfülle, denn seit Anfange des Julii bis ietzt, bin ich mehr als um 170 guineés ringer geworden. Ich habe über all dieses eine grosse Ausgaabe 6 Sonaten von unserm H: Wolfgang stechen und drucken zu lassen, die der Königinn von Grossbrittanien |: auf ihr selbst verlangen :| dediciert werden; Eine Sache, die in dieser grossen Statt sehr viel Bemühung verursachet, indem man zu einen graveur |: wie es auch zu Paris war :| so weit als bis in Hellbrun zu marchiren hat: und diese Leute muß man immer antreiben, denn sie haben viel zu thun.

Für die Dedikation erhielt Wolfgang »50 Guinées praesent«. In London vertrieb Leopold die Sonaten selbst.

27. November 1764

Daß wir alle, und besonders ich, Gott lob, wohl auf sind, können sie daraus schlüssen; weil ich dieser Täge ein Spaziergang zu Mr: Teissier in die Statt hinein gemacht habe, welches etwa so weit, als bis nach Aniff, ober dem Hellebrun seyn mag. Man sagt, in die Statt oder nach hiesiger sprache, city: weil ich in dem Theil von Westminster, wo der königliche Hof, die Gesandten und meiste Noblesse ist, und wo auch alle opera und Comoedien Häuser sind, wohne. London aber bestehet aus dreyen benennungen oder 3 respective Stätt, die aber, wie eine einzige entsetzlich grosse Statt, völlig genaue zusammen hanget, nämlich: Westminster, London und Southwark.

The South East Prospect of Westminster. From Somerset House to Westminster Bridge. Kupferstich. Vedute aus dem Nachlaß Leopold Mozarts

Nur ist der Unterschied, daß die Strassen in Theil Westmünster nebst den Gebäuden viel weiter grösser und herrlicher sind, als in London selbst, obwohl ansehnliche Gebäude genug aldort anzutreffen, darunter eines der ansehnlichsten auch, die so genannte Royal Exchange oder Kaufmannsbörse ist. Stellen sie sich einen grossen Pallast vor, in dessen Mitte ein Hof ist, der grösser ist als der Hof im Mirabell. In dessen Mitte eine königliche Statue, und an dem Gebeude selbst in der höhe alle Könige von Engelland in Lebensgrösse zu sehen sind. Nebst dem sind um den ganzen Hof herum unter dem Gebäude 10 Schritt breitte gänge, um im fall des Regens aldort sicher zu seyn. Hier haben nun iede Nationen ihren Platz. dort sind die Kaufleuth die von Geburt Franzosen sind; hier die Holländer; da die Spanier; dort die deutschen, Italiäner, Portugäsen etc. Mit einem Wort iede Nation hat ihren Platz, wo man sie finden kann.

Der damalige »Royal Exchange« stand nach dem Brand von 1666 noch bis 1838, 1844 wurde er neu erbaut.

Nebst dem können sie hier ein büchl kaufen, das 2 finger dick ist, darinne alle Kaufleuthe nach dem Alphabet aufzusuchen, und ihre Wohnungen zu finden sind. Alle Täge von 1 Uhr bis 3 Uhr gehen viele hundert, und Erchtags und Freytags, da Post oder Börse Tag ist, viele 1000 Menschen hier aus und ein, und ich habe mich an einem Donnerstage zwischen 2 und 3 Uhr kaum durch dringen können, um von dem Eingange des Hofes zu dem Ausgange zu kommen. Es sind 9 Compagnien oder Gesellschaften von Kaufleuthen, die beständig 1417 Schiffe und 21797 Matrosen in ihrem Dienste unterhalten. dazu sind 45 Amthäuser zum Behufe der Handlung und Gewerbe.

Nun beschreibt Leopold das Leben und Treiben in London. Die statistischen Angaben hat er der 1760 in dritter Auflage erschienenen Ausgabe des Werkes von William Maitland »The Hystory and Survey of London« entnommen.

Wenn man auf der Londoner Brücke stehet und betrachtet die Menge der Schiffe die immer in der Themse liegen, so scheint es, wegen der erstaunlichen Menge der Mastbäume, als sehete man einen dicken Wald vor sich. Man kann in der That nichts Prächtigers sehen; ich finde in einer Beschreibung von London, die 1750. schon zum Siebenten aufgelegt ist, daß London in mehr als 95 968 wohnhäuser bestehet; daß sich die Anzahl der Strassen und Gassen über 6 000 beläuffet, ohne der unzahlbaren Menge der so genannten Courts oder kleinen gassen, die mit viereckichten platten Steinen gepflastert sind, und wohinn man weder fahren noch reiten darf, sondern nur für fussgeher |: den weeg abzuschneiden :| gemacht, und wo die schönsten Boutiquen anzutreffen sind.

27. November 1764

Daß nun seit der Ausgaabe dieser Beschreibung viele 1000 Häuser gebauet und London mit vielen gassen vermehret worden, und das die ohnehin so schrecklich grosse Statt alle Jahr mit einer Menge Häuser vermehret und mit der Zeit zu einer ganz unbeschreiblichen Grösse gelangen wird, sehe ich theils aus der alten und neuer Statt-Carthen, und theils bin ich der Augen Zeug; indem ich nicht nur den gelegten Grund zu vielen neuen Gebäuden auf eine Stundweit, sonderen die erstaunliche Menge Häuser gesehen, die seit meinem Aufenthalt in London, folglich diesen Sommer aufgebauet worden. Viele Hände machen bald ein Ende und hier, wie in Paris, wird den ganzen Winter fortgearbeitet.

Die Beleuchtung hier ist die schönste und gröste die ich gesehen habe, davon die Anzahl in der obigen Beschreibung auf mehr dann 55 435 Lampen angegeben wird; so doch unendlich ietzt vermehret worden, indem in Hauptstrassen iedes Hauß eine und ein ansehnlich oder von vermöglichen Leuten bewohntes Haus 2 Lampen vor ihrem Haiße hat. Über daß sind in den meisten Lampen 2 Lichter, und bey Herrschaft Häusern und offentlichen Gebäuden sind 3, 4 und 5 Lichter in einer Laterne. Auch find ich hier keine so hungerige Beleuchtung, als ich in anderen Orten gefunden, wo nämlich die meisten Lichter um 1 Uhr in der Nacht schon ausgebrandt waren. Hier lauffen die Kerls mit der Leiter über der Achsel und Feuer in der Hand beym hellen Tage noch, und zinden die Lampen an, und ich habe schon morgens um 9 Uhr noch Lampen brennen gesehen. Über das brennen im Winter rings um London von allen Seiten die Lampen auf den Hauptstrassen bis gegen eine kleine Stund weit hinaus zur Sicherheit der hin = und her Passirenden.

Es sind hauptsächlich zweyerley Gattungen der Wohnhäuser zu finden; die erste Gattungen in den Courts oder neben Gassen bestehen nur in 3 Stockwercken, nebst Küche und Keller, so beyde unter der Erde sind. die 2.te Gattung, nämlich in merckwüdigen Strassen und Gassen bestehet in 4 Stockwerken etc. und die 3.te Gattung in den vornehmsten Strassen in 5 Stockwerken. NB: Küche und Keller ist allzeit unter der Erde, und das erste Stockwerk heist, was bey uns zu Ebenfuß ist. Es sind hier bey 143

1764   27. November

Kirchspiele, oder abtheilungen. 108 grosse Kirchen. und 71 Pfarr Capellen, dazu gehören, nämlich zu den abtheilungen 420 constables oder Stadtdiener, oder respectivé Sicherheits Commissarii, 227 unter Vögte, 58 Aufseher, 134 Pedellen, 1318 Nachtwächter, die alle halbe Stund ruffen, und nach Mitternacht allzeit zugleich ruffen was für ein Wetter ist. Dann sind 443 Strassen Aufseher, an welche jährlich 11728 Pfund Sterl: für die Reinigung der Strassen bezahlt wird. Hier sind 32 fremde Kirchen, 147 Capellen und Versammlungshäuser von unterschiedlichen benennungen, und drey Jüdische Synagogen. 38 öffentliche FreySchullen worinne sich mehr dann 3173 Kinder befinden; 166 öffentlich armen Schulen, die 5360 Kinder versorgen und noch über 300 besondere Schulen. 27 Spittäler für Krancke und Wahnwitzige; 14 Gesellschaften zu Versorgung armer Wittwen und 95 Armen häuser. 51 Arbeitshäuser, 5 Zuchthäuser und 14 Gefängnissgebäude. Die Summa zu Unterhaltung der Armen beläuft sich insgemein jährlich auf mehr dan 250520 Pfund Sterling.
Die Statt oder das Publicum unterhält ferner 5 königliche Palläste |: die aber zimmlich bürgerlich und gar nicht königlich aussehen :| 7 Gesellschaften der Gelehrten; 18 öffentliche Bibliotheken; 16 Collegien für Rechtsgelehrte; 91 Compagnien der Handwerker, deren 52 ihre eigene Häuser oder so genannte Hallen haben, meistens stattliche Gebäude, in welchen sie zusammenkommen und ihre Geschäfte verhandeln; 4 Opern und comoedien häuser; 33 Marktplätze; 2 Thiergarten; 6 öffentliche Gärten; 50 sogenannte Squares oder viereckichte grosse Plätze, wo auf einigen der Könige, oder andere Statuen sind; 2 grosse Brücken; und 8 Thore.
NB: Es sind aber weder in Paris noch hier solche Thor, wie in den Stätten Teutschlands, sonderen eigentlich nur starcke Barriers.
Obwohlen nun für die Armen hier sehr mildreich gesorget wird, so sind doch der armen eine schwere Menge; wenige aber getrauen sich recht frey zu betteln, da es verbotten ist; sonderen sie haben eine andere Art das Almosen zu verlangen: nämlich; eines biethet ihnen im Sommer blummen-Buschen, ein anders Zöhnstöcher von Federkeulen, ein anderes Kupferstiche, ein anders

27. November 1764

schwefelhölzel, ein anderes Nähezwirm, ein anderes Bänder von verschiedenen Farben etc. andere singen durch die Strassen und biethen ihnen die gedruckten Lieder an, welches das allgemeinste ist und zum Eckel stündlich gehöret wird. – mir fällt nicht alles bey. –
Hier sind mehr denn 1072 Bäcker; 1515 Metzger, 1411 Käse Krämmer; 159 Fischhändler. NB: Obwohlen man hier die Fisch nur für Pracht und Delicatesse isset, die, obwohl man mit dem Meer umzingelt ist, abscheulich theuer sind. 217 Geflüglhändler; 171 Breustätte; 551 Cofféehäuser, NB: obwohl ich nur erst in einem einmahl gewesen bin. 447 Weinhäuser. NB: ohne die Weinhändler so Boutiquen haben. 5975 Bierschäncken, 207 gasthöfe, 8659 Brandweinschencken. NB: Brandwein und Bier ist des Volkes Element. 1214 Gemieß Läden oder garten Buden. NB: ohne die gewöhnlichen Marcktplätze. Man rechnet, daß hier jährlich ungefähr verzehret werden 396636. Viertl Weitzen Mehl. 98244. Ochsen: obwohl man hier nicht, wie bey uns täglich Rindfleisch siedet. 711123. Schaafe und Lämmer. 194760 Kälber. 186932 Schweine. 52000 Spanferckl. 113536 Schäffel Austern, die hier von verschiedener Gattung und Preis, Z: E: die gröste Gattung 12 Stück für 4 Pennys zu haben sind. Aus einer solchen können sie 4 venetianische machen. indem man eine Auster nicht essen kann, ohne sie wenigst in der Mitte einmahl von einander zu schneiden. Von der erstaunlichen Menge der grossen Meer Krebsen, anderer Krebsen, Meerschnecken etc. und derley Zeuges nichts zu melden. Vom 26 Maii, wo die sogenannte Mackarel Season anfängt, bis den 6.ten Julii verwichenen Jahres langten zu Billingsgate |: ein Thor an der Themse :| 589 Boats |: Schiffe :| böths voll fische an, deren iedes 2 Lasten führet; iede last enthält 10000 Fische. Hieraus erhellet das nur von dieser Sort Fische die man Mackarellen nennet in selbiger Zeit sich auf 14 Millionen 7 hundert, und 40000 beläuft, nichts zu sprechen von Kabliau, Schellfischen, Weisslingen, und anderen Seefischen, nebst der erstaunlichen Menge Stockfischen, flussfischen und der Menge verschiedener gesalznen Fischen. Die Rechnung des nach London gebrachten Butter und Kässe beläuft sich vom Butter auf 2 hundert und 90 tausend 263 fässchen von einer viertl Tonne,

oder 16 Millionen 366 tausend 780 Pfund. ohne die frischen Butter, der alle Tag zu butter=brod verbraucht wird.
Ferner 10533 Tonnen oder 21 Millionen 6 hundert und 60 tausend Pfund Käse, der mancherley Arten nicht zu erwehnen die von Fremden Länderen eingeführet werden. Die Milch kann in gar keine Rechnung gebracht werden. Und die Bierbreuer setzen jährlich an starken Bier etwa eine Million 528 tausend 468 Fässer und eine Million 74000 zweyhundert und 88 Vässer schmahl oder schwach Bier ab. ohne NB: des gewaltigen Aufgang des Landbiers. ich habe einen Auszug vom Jahre 1738 gesehen, in dem bemerckt ware, das nur in dem Haven zu London folgende Wein Quantität eingeführt worden. nämlich: 1828 Tonnen von Portugall. 10255 von Spanien. 1105 Tonnen von Franckreich. 476 Tonnen von Teutschland und Holland. Summa 30040 Tonnen. Daß ietzt noch einmahl so viel eingeführt wird, hat seine Richtigkeit. dann alles sauft Wein, obwohl der mindeste Preis einer Boutellie Wein |: die noch etwas kleiner als unsere sind :| 2 Schilling. – – dann andere Weine von 3 bis 20 Schilling eine Boutellie kostet, welches, so unglaublich es scheinet, doch die heilige Wahrheit ist. Indem die gräulichst accise auf die Weine gelegt sind, um den Abgang des Biers, Cyder oder Mosts und Brandweins etc. als Landproducta zu befördern.
Man rechnet das jährlich 11,644863 Pfund inslicht Lichter in London gemacht werden, und da doch alles was nur ein wenig ein Ansehen machen will Wax brennet, gar schlechte Leute aber, und andere bey vielen Gelegenheiten Oehl brennen. Nun wissen sie abermahl zimmlich etwas von London, ein anderes mahl, wieder etwas anderes. – – -

»*accise*«: *indirekte Steuer, Abgabe*
»*inslicht*«: *Unschlitt, Talg*

27. November   1764

Abt Dominicus Hagenauer

Der 4. Sohn Johann Lorenz Hagenauers, Kajetan Rupert (1746– 1811), trat am 20. Oktober 1764 als Novize in das Benediktinerstift St. Peter in Salzburg ein und legte dort am 20. Oktober 1765 die Profeß ab. Er erhielt den Ordensnamen Dominicus. Zu seiner Primiz am 15. Oktober 1769 komponierte Mozart die Dominicus-Messe. Pater Dominicus war dann Küchenmeister, Beichtvater im Kloster am Nonnberg und wurde am 31. Januar 1786 zum Abt von St. Peter gewählt.

Ich und alle die meinigen wünschen ihnen und dero Frau Gemahlin million Glück zu der angetrettenen Standes Veränderung des Herrn Sohns Caietan, ich habe eine sehr gute Meinung von ihme, und da sie allzeit ein guter und vernünftiger Vatter sind; so thun sie auch sehr wohl ihn, wenn er auch wieder nach Hause kehren sollte, mit offnen Armen und freudigen Gesichte zu umfangen, da er iederzeit ein stiller ruhiger Knab war, so wird er nichts thun, als was er seinem Seelenheil am vorträglichsten zu seyn erachten wird: desswegen ist das Probier jahre. Der Wolfgangerl hat geweinet, da ich es aus dem Briefe abgelesen, und auf befragen warum? – – so war es ihm leyd, weil er glaubte, daß er ihn nun nicht mehr sehen werde. Wir belehrten ihn aber eines anderen, und er erinnerte sich, daß er ihm oft eine Fliege gefangen und die Orgel aufgezogen, auch die Pölzl-windbüchse gebracht. so bald er nach Salzburg zurückkommt will er nach St. Peter gehen und sich von Mr Caietan eine Fliege fangen lassen, und dann muß er auch mit ihm Pölzel schiessen. Er hat also das Ordenskleid an dem nämlichen Tage angeleget und sich in das Novitiat begeben, an welchem ich vor etwa 17 Jahren in dem Orden der geflickten hosen getretten und zu Aigen mit meiner Frau Profession gemacht habe. Wir erinnerten uns selben Tages fleissigst seiner und wünschen ihm 1 000 Glück und nichts als die Erkänntniß seines wahren Berufes, die ihm Gott verliehen und ihn dadurch auf den Weeg seines ewigen Seelen Heils führen wolle. Sie haben nach ihren gewöhnlichen vernünftigen Überlegung sehr wohl gethann ihn nach München und Augspurg reisen zu lassen, damit er doch siehet, daß ausser Salzburg auch noch Menschen sind.

Das »Pölzel schiessen« war eine der beliebtesten Unterhaltungen in Salzburg. Die selbst entworfenen und hergestellten Scheiben waren oft mit scherzhaften Inschriften versehen.

Alexander der Große durchschlägt den Gordischen Knoten, 1755

Mit dem »Orden der geflickten hosen« ist der Ehestand gemeint. Leopold verwendet für seine Verlobung den Ausdruck »Profession«, von lat. profiteri, in der Bedeutung von »versprechen«.

3. Dezember   1764

P:S: ò Meingott wie viel habe ich zu schreiben! Hr: Vogt bitte ich nebst meiner Empfehlung zu sagen, daß ich ihm und wir alle unendlich danken. – – daß paris und London mit Mitterwalder geigen voll sind, und daß sonderlich hier eine erstaunliche Mauth auf alle Sachen ist. doch habe ich anstalten getrofen, daß wenigst in paris etwas mag zu machen seyn: allein ich muß ihm vorläufig sagen, daß in paris und hier die violin sehr Starck bezogen, und die E wie schwache A sind. die violin muß er auf diesen Fuß einrichten: sonst ist nichts zu machen. hingegen ist, sonderlich in paris der thon oder die Stimmung nieder und sehr tief. ich hab seiner Zeit Correspondenz genug. allein ich muß erst die Weege der Mauth ausfindig machen. welches das schwerste ist. addieu.

»Hr: Vogt« war sicher ein Geigenbauer, dem Leopold Geschäfte vermitteln wollte. Er gibt ihm auch Empfehlungen, die den Instrumentenbau betreffen. Interessant in diesem Zusammenhang sind auch die Beobachtungen Leopolds betreffs Saitenstärke und Stimmung.

Monsieur! London den 3.ten 10^{ber} 1764

Mein Schreiben von 27ten passati werden Sie erhalten haben, Hier ist der Brief zu den Sonaten.
Wer von diesen Sonaten etwa kaufen wollte, dem mögen Sie das Stück a 45^{xr}. Folglich beyde theile oder alle 4 Sonaten / da jeder theil aus 2 Sonaten bestehet / a 1 f 30^{xr}: weggeben, auch besorget zu seyn, daß solches umständlich in die Salzburger Zeitungen gesetzt werde. in paris ist der Preiß von jeder Sonaten theil 4 livres 4 sols, wie es auf dem Titl stehet; welches ein grosser unterschied von dem Preis a 45 kr: ist: und in Franckfurt wird jedes Exemplar a 1 f 30 Xr: verkauft. Mir ist leid, daß einige Fehler in Stechen, und in der Verbesserung, nach geschehener correctur stehen geblieben. die frau so es gravierte und ich, wir waren zu sehr entfernet, und da alles in Eyle geschahe, so hat ich nicht mehr zeit eine 2te Prob abdruck machen zu lassen. welches verursachte, daß sonderheitlich in œuvre II in dem allerletzten trio 3 quinten mit der violin sind stehen geblieben, die mein Junger Herr gemacht,

ich dann corrigirt, und die alte Md: vendomme aber hat stehen lassen. Eines theils ist es eine Probe, daß unser Wolfgangerl es selbst gemacht hat: welches wie billig vielleicht nicht jeder glauben wird. genug es ist doch also.

Die Sonaten sind die vier von Wolfgang in Paris komponierten und als Opus I und II erschienenen – im Köchelverzeichnis unter 6 bis 9 angeführt.
Die erwähnten 3 »Quinten mit der Violin« stehen im Menuet II der Sonate G-dur (KV 9), sind aber in neueren Ausgaben in Sexten »ausgebessert«.

Der Kaufmann Hagenauer hatte Leopold anscheinend ein »Uhrengeschäft« vorgeschlagen ...

Was Sie mir wegen der Uhr geschrieben, war auch längst mein gedancke. allein es dachte mich noch zu fruh zu seyn. Sie sind erstaunlich theuer, aber auch erstaunlich gut. Die Repetir uhren sind hier weniger im schwunge als in Teuschland und Franckreich, aber meistens goldene Uhren deren eine 20 guinee kostet, die unruhe und räder gehen auf diamanten, man kann auf der Welt nichts accurates und bessers sehen. ich werde ihnen von allen Sorten seiner zeit Nachricht geben. ich bin noch nicht zum abreisen. den 25ten octber: am Krönungstag des Königs waren wir von 6 uhr bis 10 uhr beym König und Königinn.

Es war der letzte Empfang beim Königspaar. Ob und was die Kinder gespielt haben, ist nicht bekannt.

Monsieur. London The 8.ten of Feb: 1765

Mich vergnüget sehr, wenn ich ihnen und anderen guten Freunden durch meinen letzten Brief einiges Vergnügen gemacht habe. Es ist mir Leid, daß ich gegenwärtig die Zeit unmöglich habe ein dergleichen Schreiben zu verfassen. Den 15.ten Abends werden wir ein Concert aufführen, welches mir wohl etwa 150 guinées Einnahme verschaffen wird. ob – – – und was ich dann noch erobern werde, kann ich nicht wissen.

8. Februar 1765

Wolfgang Amadeus Mozart à l'âge de 9 ans ½ à Londres, Johann Zoffany

AUS DEM »PUBLIC ADVERTISER«, 6. *Februar 1765*

For the Benefit of Miss MOZART of Twelve and Master MOZART of Eight Years of Age: Prodigies of Nature.
LITTLE Theatre in the Haymarket, Friday, Feb. 15, will be a Concert of Vocal and Instrumental MUSIC.
Tickets, at Half a Guinea each, to be had of Mr. Mozart, at Mr. Williamson's in Thrift street, Soho.

Da an diesem Tag das Oratorium »Judith« von Thomas Augustine Arne aufgeführt wurde, mußte das Konzert auf den 21. Februar 1765 verschoben werden. Da es nicht gut besucht war, blieben »nicht viel mehr als 100 guinées rest«.

Meine Frau befindet sich an einem Kopf Cartharr etwas unbässlich. wir hatten alle starcke Cartharr, so wie es hier allgemein ist; indem es sehr feucht, neblicht, und ein rechtes Rauchloch ist. Wir hatten erst ein einzigesmahl ein kleinwenig Schnee, und dieß nur einen vormittag: die Kälte thut übrigens hier mehr wehe, weil es nass-kalt ist; und es ist ungesund, weil es abwechselt.

1765   19. März

Vor ein paar Wochen haben 2 herren Duellirt, nämlich Lord Byron und Esquire Chaworth und zwar in einer Weinschencke |: Denn hier ist das gewöhnlich :| Der letzte hatte das Unglück durch den Leib gestochen zu werden; und starb den Morgen darauf. Der Lord hat sich nach Paris geflüchtet. Sollte sein affaire gerichtlich untersucht werden, so würde dieser Process dem aerario publico 30000 Pf: Ster: kosten. Man wird es wohl kurzweg durchgehen lassen.

Die »2 herren« waren der 5th Lord Byron, Großonkel des Dichters, und sein Vetter, William Chaworth.
»aerario publico«: Staatskasse, Staatssäckel

wir empfehlen uns alle. O wie viel habe ich zu thun. Die Synfonien im concert werden alle vom Wolfg: Mozart seyn. ich must sie selbst copieren, wenn ich nicht will für ieden Bogen 1. Schilling bezahlen. – – –

Die Sinfonien sind wohl jene in Es-dur, KV 16, sowie jene in D-dur, KV 19; andere eventuell um diese Zeit entstandene Sinfonien sind nicht erhalten.

                         London den 19ten Martii 1765
Monsieur!

Ich muß ihnen doch in der Geschwindigkeit eine artige Geschichte erzehlen. Hier ist der Gebrauch, daß wenn ein Kind getauft wird, so sind neben anderen guten Freunden die hauptpersonen 1 Gevatter und 2 Gevatterinnen. Man pflegt allzeit zu Hause, und gemeiniglich viele Täge und auch Wochen das Kind erst taufen zu lassen nach der Geburth. Ein Musikhändler |: welche auch Instrument: verkauffen :| ein Teutscher aus Hessen, dessen Frau eine Schweizerin ist, bath meine Frau mit einem gewissen teutschen Herrn und einer teutschen Jungfer bey der taufe seines Kindes zu Gevatter zu stehen. Wir entschuldigten uns immer bis endlich der Teutsche Herr Gevatter ein Commissarius aus Braunschweig uns selbst ansuchte. Die Tauffe war 4 Wochen nach der Geburt Abends um 5 Uhr. Die Merckwüdigkeit dieser

19. März   1765

Tauf bestehet darinne, daß der Vatter des Kinds gar keine Religion hat, und seine Gründe nur darinne bestehen, daß man »Gott anbethen, ihm und seinen Nebenmenschen lieben und ein ehrlicher Mann seyn müsse«. Die Mutter, die gegenwärtig war, ist eine Calvinistin, und hält ihre Religion noch so zimmlich. Der Herr Gevatter ist Luterisch, und die Jungfrau Gevatterin Calvinisch, meine Frau als die 2.te weibliche Gevatterin eine gut catholische Salzburgerin, und der Herr Pastor |: der hier Minister genennet wird :| ist englischer Religion. Wie gefällt ihnen diese Tauf compagnie? – –

für uns catholischen war bey der Tauf selbst nichts ungewöhnliches; denn der Glaub in Gott, und das Vatter unser, so hier gebethet wurde ist nach der englischen Kirche von Wort zu Wort, wie bey uns. Aber die Lutheraner und Calvinisten musten etwas ihnen ungewöhnliches mitmachen, nämlich mit uns allen niederknien, dann in der englischen Kirche wird kniend gebethet. war es nicht schade, daß nicht auch noch ein Jude, wenigst in der Compagnie ware?

Wenn Herr Zunsen ein Jude und Commissaire von Paderborn, der oft zu uns kommt, nachricht gehabt hätte, so würde er wenigst zum Tauf Soupé gekommen seyn; Sie müssen aber wissen, daß die hiesigen Juden keine Bärte, und samtene Kleider und harbeutl Perucken tragen; daß, sonderlich die Portugesischen Juden mit allem Aufputze, wie ein Franzos, in ihre Synagoge gehen, und gahr nichts an ihnen zu sehen ist, was einem Juden gleichet. ja Sie müssen auch wissen, daß die grossen und andere nach der Mode denkende Juden so wenig ihren Glauben halten, als der grosse Theil der französischen, Englischen, Italiänischen und Portugesischen Christen; da jene, wie diese wenn der Dies Domini, das ist Sabath und Sonntag kommt aus der Statt den Abend zuvor fahren, und auf ihren Landgüttern bleiben, bis dieser traurige Bett-Tag vorbey, weil an solchen Tagen weder Comedie noch opera noch andere Lustbarkeit in der Statt ist: und würden den die gemeinen Leute in der Kirche Platz finden, wenn die grossen und Reichen auch dahin giengen? – – Sie bleiben aus Complaisance weg.

Das »Wegbleiben aus Complaisance«, also aus Höflichkeit, ist wohl ironisch gemeint.

Sehen Sie, wie eine Sache in die andere gehet; wenn ich so fort schreibe, so wird es wieder ein Brief werden, an dem Sie eine gute halbe Stunde zu lesen haben. Allein förchten sie sich nicht! Er wird nicht so lang, und ich erspare ihnen mündlich zu erzehlen, erstlich die Einrichtung der hiesigen Regierungs Art; die Macht und Rechte des Königs und des Volkes; die gegründeten, und auch falschen Meinungen die auswärtige Nationen von den Engelländern überhaupts haben. Ihre Art zu richten und Urtheil zu fällen. Ihre Sitten überhaupts und ins besondere. Ihre Kleidertracht von Kopf bis zu den füssen, sonderlich der Kinder, die durch die Banck unserm teutschen bauern Buben gleich sehen: da so gar die grossen Studenten in Oxford rund um abeschnittne Kurze Haare und ein kleines rundes Filzkäpchen auf dem Kopf tragen. – – raison! Damit die Vielle der haare den Waxthum der Vernunft nicht hinderlich sind. Aus dieser nämlichen Ursache schneiden sie den Pferden die Schwänze ab; um dadurch, wie sie glauben, den Kräften der Pferde zu Hilfe zu kommen: weil die vielen Zweige einem Baume die Kräfften oder vielmehr der Frucht des Baumes die Kraft des Waxthums benehmen etc: –

Ich erspare mir auch ihnen mündlich zu sagen. Was für Unterschied der Esswaaren iede Jahreszeit so wohl in Fischen, Fleisch etc. und sonderlich in Obstspeissen mit sich bringt, die Gütte derselben, und die unglaubliche grösse des Viehes etc: der Fische etc. der Krepse. – – Schildkrotten und Austern: dinge, die vielen unglaublich scheinen werden. – – –

Die Art der fuhrwägen und fuhrleuten, die nicht neben ihrem Gütterwägen zu Fusse gehen, sonderen auf einem Pferde nebenbey reitten, die Pferde nicht beym Zaume halten, sonderen durch einen Schlag einer an einer erstaunlichen langen Stange hängenden kleinen peitschenschnur und mit zuruffung etlicher fürchterlichen Worte regieren. – – –

Ich werde ihnen den Tower |: nämlich das Veste Schloss :| mündlich beschreiben, und ihnen sagen, wie das Gebrüll der Löwen alda unsern H: Wolfgang in Ängsten gesetzet hat.

19. März   1765

London: St. Paul's Cathedral. Stich von Thomas Bowles, 1755

Ich werde ihnen St: Paul und Westmünster, die Machine so das Temse Wasser in die ganze Statt treibt, und gewisse künstliche bratenwender beschreiben etc. Ich werde ihnen die Schönheit des hiesigen Manns und Frauen Volkes und ihre wohlgewachsne grosse Leibesgestalt abmahlen; hingegen werde ich sie zum Ärgerniss und grausen bringen, wenn ich ihnen sage, daß sich manchmals 2 Menschen auf offner Strasse in ein Faustgefecht einlassen: aber ganz abscheulich! im Augenblicke ziehen sie die Händer über den Kopf weg; dann stossen sie sich mit fäusten oder einen Aug aus dem Kopfe oder die Zähne in Hals, oder eine Rippe entzwey. 2 Schmiedknechte unternahmen so gar dieses Gefecht mit gewissen schmaalen Eysen, mit denen man hier das Feuer schieret, die sie glühend machten, und in gegenwart mancher 10 000 Menschen auf offnen Platze ein ander die nakenden Leiber verbrandten.

Könnte ich nun alles dieses nebst dem schönen Lande, den schönsten und fruchtbaresten Gegenden etc. hier beschreiben? – – – Nein! ich will es ihnen lieber erzehlen. Dieser brieff soll mich an alles erinnern.

Nun muß ich sie bitten mir auf diesen Brief, so bald sie können, zu antworten. Dann ich muss Antwort haben, zu Ende des Aprilis es möchte geschehen, daß ich zu Anfange des Maii von hier abreisete.
Sie schreiben von einem Scarlatin zu einem Mantl: allein ich kann kein Tuch mit nehmen, weil man in Franckreich genau visitiert wird. Und im kleinen, das ist ehlenweis, ist auch nichts wohlfeiles zu kauffen. Es wäre denn das man ein ganzes Stuck Tuch kauffete und über Holland sendete. Schreiben Sie mir: ob die Fracht von Frankfurt bis Salzburg theuer ist. Ich gedencke, ja ich bin fast gezwungen etwas meiner Bagage über Holland nach Franckfurth zu schicken: denn obwohl ich viel Bagage, und die kostbahresten Sachen in Paris habe, so sich auf 300 Louis d'or belauft; so ist meine Bagage hier wieder sehr angewachsen. Es ist mir nur um die schönen Kleider leyd! Denn mein Schwarz sammetnes Kleid und das ganz reiche Kleid, wovon der Grund mit Silber und Gold Blett eingetragen ist, wird auf Reisen nicht besser, wenn man es noch so genau in acht nimmt. Dieses letzte Kleid hat 59 Louis d'or in Paris gekostet, und ich habe es par Hazard, NB: Neu, nicht 2 mahl getragner, von einem Cavaglier, der mein guter Freund schon in Franckfurt ware, durch einen wunderlichen Zufall bekommen. – – -

> *Scarlatin*«: scharlachfarben, lat. *scarlatum*, Scharlach
> »*ehlenweiß*«: nach Maß einer Elle

Der Preis der Goldenen Uhren ist hier von 12 guineés fort und fort, so hoch sie nur immer hinauf wollen. Was über 25, und 30 guineés ist, kommt schon auf die kostbare façon und ausarbeitungen des äusserlichen an. Der gemeinste Kauf schöner und guter Uhren ist von 14 – bis etlich und 20 guineés. um 14 bis 20 guineés kann man treffliche Goldene Uhren kauffen. Nun kommt es darauf an ob man glatte arbeit oder verzihrte arbeit liebt. Sachen! die zum innern Werth einer Uhre nichts beytragen. das sage ich ihnen zum voraus, daß der gütte nach die Engelländer den Vorzug behaupten, dem gusto nach aber mir die Franzosen besser gefahlen, und hier mehr gross als kleine Uhren geliebt werden. NB: fragen sie die Uhrmacher in Salzburg: ob sie

18. April 1765

wissen was ein Horizontal Uhr ist; Es ist eine neue Erfindung; das Werck hat um ein Rad weniger, und ein hauptrad lauft Horizontal. Ich förchte wenn ich eine solche Uhre hätte, und es würde im Fall etwas fehlen, daß es bey uns nicht mehr könnte in Ordnung gebracht werden.
hätte ich so viel geld hier gemacht, als es anfangs das Ansehen hatte, so würde ich auf viele Curiositäten etwas angewendet haben; Allein »quod differtur non auffertur«. ich habe, und werde allzeit meine correspondenz in London haben. Nun muß ich das Geld in acht nehmen, ich mag mich rechts oder Lincks wenden, so muß ich geld haben, und habe ein grossen Weeg vor mir, der so muß ausgedacht seyn, daß andere das Raisegeld bezahlen müssen.
Leben Sie mit allen den lieben ihrigen wohl auf. Meine Frau und Kinder empfehlen sich ihnen und dero Frau Liebsten und sammtlich angehörigen, und ich bin der alte.
Die Königinn hat unserm Wolfgango für die Dedication der Sonaten 50 Guinées praesent gemacht.

> *»quod differtur non auffertur«: aufgeschoben ist nicht aufgehoben – Leopold hat sich schon um Geschäftspartner umgesehen.*

P:S: Das ist einmahl ganz gewiß, daß der meiste Theil von Uhren für englische in Teutschland verkauft werden, die London nie gesehen haben. – – -

Monsieur! London den 18ten April 1765

Was meine Reise anbelangt, kann ich nichts schreiben, und jeder vernünftige Mensch muß einsehen, daß es kein spas ist. Es braucht Zeit, bis wir nur hier wegkommen, und alle unser ba-gage in Ordnung bringen, die mir den Schweiß ins gesicht treibt, wenn ich sie nur betrachte, überlegen Sie es einmahl! wenn man ein ganzes Jahr an einem ort lebt. wir sind nun hier zu Hause! und es hat mehr anstalten nötig, als wenn wir von Salzburg weggiengen. dann wir können nichts hier lassen, und auch nicht alles mitführen; folglich müssen andere anstalten gemacht werden.

Am 13. Mai spielten Nannerl und Wolfgang in Hickford's Great Room in Brewer Street vierhändig, vermutlich ein verschollenes Werk Wolfgangs.

London the 9th of Juillet 1765

Monsieur!

Sonder Zweifel werden sie alle glauben, daß wir längst über die See geschwommen sind: – Allein es war noch nicht möglich, wir sind nun einmahl in London, und wenn wir einmahl weg sind, so kommen wir die nächsten 3 täge nicht mehr nach Engelland: obwohl man nichts als das Nasen abbeissen verreden solle. – – ich kann folglich nichts über die Knie abbrechen; und es ist mir leyd genug, daß ich so lange mit meinen Sachen aufgehalten werde, die ich weg schicken will. Entzwischen haben wir unter dieser Zeit, wichtige Dinge gesehen. – –

Leopold schildert im Folgenden die »Weber Unruhen« (Weaver-Riots).

Einen grossen Auflauf des Volkes, wenn es gleich zur Aufruhr geneigt ist, sieht man nicht alle Jahre. Die Seyden-Weber Gesellen überreichten schon ein paar mahl diesen Winter durch dem König eine Bittschrift. Sie stellten vor, daß einige 1000 unter ihnen wenig, oder gar keine Arbeit hätten, weil so viele Seydenwahren von Franckreich nach Engelland geschwärzet würden; und Sie verlangten über dieß, daß die französischen Seydenwahren |: auf die ohnehin ein grosse Mauth ist :| gänzlich sollten verbothen werden.

»schwärzen«: schmuggeln

Sie kahmen, bevor das Parlament auseinander gienge, noch einmahl und überreichten eine Bittschrift. Sie zohen aber denselben Tag noch, gleich nach der Überreichung, in 3 theilen vertheilet hin und her durch die Statt, und ich sahe durch die Strasse, wo ich wohne, über 4000 Menschen bey meiner Wohnung vorbey ziehen. Sie hatten am Anfange, in der Mitte und gegen dem Ende, folglich 3 Schwarze Fahnen, oder vielmehr schwarze fetzen, an einer langen Stangen. Alle diese Leute hatten griene Schürtze um, und zogen die meisten so liederlich daher, wie sie bei ihrer Arbeit sitzen. So schwermten sie in der Statt herum; und den zweyten tag versammelten sich über 15 000 Menschen in Charing Cross, White Hall, und Parliament Street und alle übrige Strassen die nahe am Parlament-Hauß waren, und wo die Lords in das Parlaments Haus durchpassiren musten. Sie rufften mit grossen Lermen iedem Lord zu, und den Duc de Bedford wollten sie aus den waagen reissen, weil sie ihm Schuld gaben, daß er die Einführung der französischen Wahren unterstützte und Ursach wäre, daß das Parlament auf ihre Bittschrift keine Achtung hätte, und gut französisch wäre.

»Charing Cross«, heute zwischen Strand und Trafalgar Square, war bereits damals eines der wichtigsten Verkehrszentren in der Nähe der Themse.

»White Hall« mündet in den heutigen Trafalgar Square.

Die »Parliament Street« schließt an Whitehall an.

John Russel, 4th Duke of Bedford (1710–1771), war als Staatssekretär für die Importe verantwortlich.

Da sie nun nicht gleich von dem Parlament eine Antwort erhielten, kammen sie nach Bloombury Square und wollten des Duc Bedfords Pallast plündern und niederreissen. Sie riessen auch würklich die auf dem Platz stehende Steinerne Saulen, an denen die Laternen hangen aus dem Grund, und eine andere truppe schwermete in Spitalfields und anderen Gegenden der Statt herum, und schmiessen einige Fenster ein, theils bey einigen ihrer Meister Webern, theils bey einigen Seidenwahr Händlern, die sie glaubten, daß sie mit französischen Wahren handelten. Es ward keine Zeit verlohren, die fuß und Pferd Garden des König rückten an. In dem Vorhof und Garten des dem Duc of Bedford gehörigen Pallastes rückten einige 100 Infanteristen ein; und diese blieben bey 4 Wochen da; da sie täglich durch andere abgelöset wurden.

»Spitalfields«: ein Stadtteil im Zentrum Londons nördlich der Themse

Aussen um den Pallast herum, auf dem Platz, in Spitalfields und anderen Strassen waren Cavallerie, und ein Trupp derselben patrullierte tag und Nacht durch die Statt. Es kam der abgeordnete des Königs das Edict abzulesen. Allein er wurde von dem Volk daran gehindert, denn so bald das Edict abgelesen ist, so muß alles auseinander lauffen, weil derienige, der sich darüber verweilet und nicht nach Hause gehet ipso facto des Todes Schuldig ist, und gleich aufgehenckt wird. Der mob oder Pövel wollte es also nicht ablesen lassen. Bey dieser Gelegenheit, wurden viele Menschen von Pferden getretten, und elendig niedergeritten, gestossen und erbärmlich geschlagen. Der Mob wurf nach der Cavallerie mit Steinen und es war ein abscheulicher lermen. Endlich wagte sich Lord Halifax dem Volk propositionen zu machen und man brachte es endlich mit versprechen aus einander, da sie beym Abzug droheten, den Tag darauf hefftiger zu kommen.

»*ipso facto*«: *durch die Tat selbst, eigenmächtig*

George Montagu Dunk, 2nd Earl of Halifax (1716–1771), war von 1762 bis 1765 Staatssekretär.

Denselben Abend aber noch und in der Nacht rückten 4 Regimenter in die Statt, und nicht nur in allen Zeitungen, sondern an allen Ecken aller Plätz und Strassen war publicirt und Patenten angeschlagen, daß wenn 12 Personen beysammen gesehen werden, alle zwölfe in arrest genommen und gehenckt werden. Dessgleichen wenn man einen mit einem Fahnen und einer Trommel sieht, so ist er des Todes schuldig. Alle Constables der Statt, welches Burger und so viel als bey uns die Viertlmeister sind waren mit ihren Leuten immer auf den Strassen, und die Soldaten desgleichen. Dieses verhinderte nun eine mehrere Zusammrottung. mit dieser Vorsorge wurde auch über 4 Wochen continuiert.

Entzwischen wurde die Exportation des Korn verbotten, hingegen die allgemeine Einfuhr desselben erlaubt, dadurch der Preis des Brodes fiele. Denn darüber war auch eine billige Klage. Es gehet halt hier, wie in Teutschland; die Unterthanen müssen wacker bezahlen; sie sehen demnach ihr Sach so hoch zu verkauffen

als es möglich ist; zahlen es Fremde besser, so gehet es aus dem Lande, und will es der Landesmann haben, so muß er es eben so theuer bezahlen, sonst bekommt er es nicht; über das geben sich die Herren Mühe, daß alle Einfuhr verbotten wird, damit der Werth der Landeswaren fein hoch bleibt und nicht fällt, und sie folglich von ihren güttern grosse Renten ziehen.
Wir haben das Exempel zwischen Oesterreich und Ungarn. Wie glücklich wäre Oesterreich und auch wir und alle Nachtbauren, wenn Ungarn die freye Ausfuhr hätte. hingegen wie viel geringer würden die Einkünfte der Oesterr: Cavalliers und Klöster seyn, wenn der saure Oesterr: Wein recht wohlfeil würde etc.

Salzburg war 1765 ein Erzbistum unter der Regierung des Fürsterzbischofs Sigismund Christoph Graf von Schrattenbach – Leopold war als Salzburger einer der »Nachbarn« Österreichs.
Am 1. Mai 1816 fand die offizielle Übergabe des Herzogtums Salzburg an Österreich statt.

Das ist hier gut, daß das Volk und soviel 1000 ehrliche Leute, die das Brod in dem Schweis ihres Angesichts gewinnen, und die eigentlich den Staat ausmachen und den ganzen Zusammenhang der bürgerlichen Welt erhalten, nicht gezwungen sind zu schmachten, und zu leiden, sondern sie haben die Freyheit vorstellungen zu machen, und haben den Weeg die Wahrheit zu entdecken, und die Enderung aut bonis aut malis zu erzwingen. Dieß war eines! – – –

»aut bonis aut malis«: entweder zum Guten oder zum Schlechten ...

NB: Wer schöne Manns und Frauen Uhrketten, Schuchschnallen etc |: von Stahl und Tobnback :| Puzscheren etc: und anders Zeugs, kauffen will, soll damit warten bis ich ankomme.

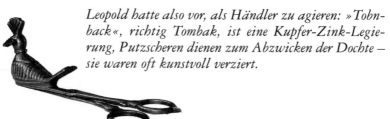

Leopold hatte also vor, als Händler zu agieren: »Tobnback«, richtig Tombak, ist eine Kupfer-Zink-Legierung, Putzscheren dienen zum Abzwicken der Dochte – sie waren oft kunstvoll verziert.

Aus Leopold Mozarts »Notenbuch für Nannerl«

Flüchtige Schrift

Normale Gebrauchsschrift

Schönschrift

und schwartzen marmor ist, und wo die stadt antwerpen, und den unser lieben frauen thurn, den schreiber
thurn, ein bertalier, und des rathaus von brso relievo
ist, schwitzer kirch, dominicaner kirch, deß rathaus.

Rotterdam.
die enchange und kirl jshp. **haklem**
a la haye. kirch

die Zimer wo die Herren generalen zusam
sitzen, wo man die lotery zieht. rambark.
in prince von oranien garten.

Amsterdam.
die kirch und portogesisch sinagoge, daß rathhaus. A la haye

vissinger such, die illumination, den burg-
chelingen
den port **Amsterdam**
utrecht
anvers ...

Nannerls Reisenotizen, September 1765
(Archiv der Gesellschaft der Musikfreunde Wien)

Von London nach Salzburg
24. Juli 1765 – 29. November 1766

Am 24. Juli 1765 verläßt die Familie Mozart London. Sie bleiben bis 25. Juli in Canterbury und dann bis 31. Juli auf dem nahe Canterbury gelegenen Landsitz Bourn Place des Horace Man.
Am 1. August erreichen sie von Dover aus nach dreieinhalbstündiger Fahrt das Festland. In Calais besuchen sie die Duchesse de Montmorency und den Prinzen de Croy. Mit dem eigenen Reisewagen fahren sie über Dünkirchen, Bergues, Lille, Gent, Antwerpen, Moerdijk und Rotterdam nach Den Haag, wo sie am 9. September 1765 um sieben Uhr abends ankommen.

Den Haag, Ansicht der Stadt um 1760

Monsieur!   Haag den 19.ten Sept: 1765

Sie erhalten hier ein Schreiben aus dem Haag; nicht aber aus dem Haag bey München, noch aus dem Haag so bey Lambach in Oesterreich liegt. nein! sondern aus dem Haag in Holland. Das wird ihnen freylich sehr wunderlich vorkommen, umso mehr, als sie uns vielleicht nicht so ferne, sonderen ihnen bereits näher zu seyn, etwa, wo nicht geglaubet, doch gewunschen haben. Wir

19. September 1765

würden auch, zwar noch nicht nahe, doch bereits wieder aus Holland weg seyn, wenn uns nicht eine Unbässlichkeit, die erstens meinen Wolfgang: und dann mich selbst in Lille überfallen 4 Wochen zurück gehalten hätte. Sie sollen nun aber gleich alles wissen, was für ein Zufahl uns nach Holland gebracht: da ich niemals nach Holland, wohl aber nach Mayland und über Venedig nach Haus zu gehen beschlossen hatte. Der Holländische Gesandte in London lag uns vielmahls an nach dem Haag zu dem Prinz von Oranien zu gehen. Allein ich ließ es bei einem Ohre hinein, bey dem anderen wieder hinaus passieren. Wir schickten uns zur Abreiße, und ich dachte so wenig nach Holland zu gehen, daß ich alle unsere Pelze nebst anderen Sachen in einen Coffre nach Paris schickte. Allein, da wir würcklich abgereißet waren und wircklich den 24. Julii aus London abgefahren, so blieben wir einen Tag in Canterbury und bis zu Ende des Monats auf einem Landgut eines Englischen Cavalliers um das Pferdlauffen zu sehen. Der Holländische Gesandte fuhr den nämlichen Tag unserer Abreiße in unser Quartier, und erfuhr, daß wir nach Canterbury zum Pferd rennen abgegangen und so dann Engelland verlassen werden. Stracks war er bey uns, und bath mich um alles nach dem Haag zu gehen, indem die Prinzessin von Weilburg die Schwester des Prinzen von Oranien eine so ausserordentliche Begirde hätte, dieses Kind zu sehen von dem sie so gar vieles gehört und gelesen. Kurz! er und alle sagten mir so vieles, und die Proposition war so gut, daß ich mich um so eher entschlüssen muste, als sie wissen, daß man einer Schwangeren Frauen nichts abschlagen solle.

Der »Holländische Gesandte in London« war Jan Walraad Graf Waldeien (1725–1807).

Willem V. von Oranien (1748–1806) war seit 1751 Erbstatthalter der Niederlande unter der Vormundschaft des Herzogs Ludwig Ernst von Braunschweig-Wolfenbüttel. Seiner sehr musikalischen Schwester Caroline von Nassau-Weilburg (1743–1787), vermählt mit Prinz Carl Christian von Nassau-Weilburg, widmete Wolfgang die 1766 in Haag komponierten 6 Sonaten für Klavier und Violine. 1778 wird er sie in Kirchheimbolanden besuchen.

1765 19. September

Caroline von Nassau-Weilburg, Prinzessin von Oranien. Stich von Jacobus Houbraken nach Hendrik Pothoven, 1754

Wilhelm V., Prinz von Oranien. Stich von Jacobus Houbraken nach Terhart Philipp Christian Haag, 1754

Ich verließ demnach den 1.ten august Engelland und wir fuhren nach 10 Uhr morgens von Dover ab, hatten das schönste Wetter, und so guten Wind, daß wir in 3 ½ Stund in Calais im Port ans Land stiegen, und mit gesunden Magen unser Mittag mahl einbrachten, weil wir gar nicht bey der Überfahrt krank waren. Nun war unser Antrag den Monat August in Holland zuzubringen, gegen dem Ende des Septemb: in Paris einzutreffen, und dan nach und nach so fort zu rücken, bis wir gleichwohl den Untersperg ins Gesicht bekommen.

In Calais war die Duchesse de Montmorency und der Prince de Croy unsere Bekanntschaft; und ich gieng von da nach Dünkirchen, welchen Platz ich wegen dem Port und wegen dem ewigen streitten zwischen Engelland und Franckreich in betreff der demolition der Vestungswerker sehen wollte. Der Platz ist sehr schön, die Gassen sind meistens gross und die meisten Häuser sauber. Eine hübsche Börse, starcke Handelschaft, und leyder, die schönsten Vestungswerker bereits niedergerissen. Ich sage: leyder! weil es schmerzet so schöne Werker, die so viel Geld ge-

19. September 1765

kostet demolieren zu sehen. Bey allem dem, waren die Engelländer noch nicht zu frieden, und man beschwerte sich in Engelland immer, daß man die Wercker nicht alle demoliert hätte, so wie es in den Friedens Puncten wäre ausgemacht worden. Es würde demnach eine Comission beliebt, wo der Duc de choiseul von Franckreich und der Duc de Bedfort in Dünkirchen zusammen kommen, und die sache untersuchen solten.

Emanuel Prince de Meurs et de Solre (»Prince de Croy«) verwendete die Hälfte seines großen Vermögens zum Wiederaufbau der Festungswerke von Dünkirchen. Sie wurden von Ludwig XIV. ausgebaut und befestigt – Frankreich verpflichtete sich nach dem Frieden von Paris 1763 die Festung Dünkirchen wieder zu schleifen.

Étienne-François Duc de Choiseul (1719–1785) war zuständiger Minister Frankreichs, John Russel, 4th Duke of Bedford (1710–1771) Staatssekretär in London.

Wir fuhren nach Lille, dahin uns der Chevalier de Mezier Commendant in Dunkirchen zu gehen beredete. Wir fanden auch da eine schöne wohlgebaute Statt, sehr bevöllkeret, mit zimlichen Comercio versehen, und wir sahen bey Gelegenheit der durchreise des Duc de Choiseul 5 Regimenter im Feuer exerciren und die schönsten KriegsÜbungen machen. ich habe als etwas besonderes anzumerken, daß nun auch die Herrn Franzosen besser exercieren, als sie vormahls gethann: allein den 2 teutschen Regimentern, den Schweitzern und Nassau kammen sie nicht bey. Übrigens war die tägliche Parade eine der schönsten die ich noch gesehen.

»Chevalier de Merzier«: M. de Bethezy de Mezières, Maréchal des Camps

Nun kommt wieder eine Probe, daß unser menschliches vornehmen ein pures nichts ist. In Lille überfülle den Wolfgang: ein sehr starcker Catharr, und da dieser noch ein paar Wochen etwas besser wurde, kam die Reihe an mich; ich wurde von einem Schwindel befallen, der ganz besonder war. Wenn ich ausgestreckt im Bette lag, so war es gut um mich; so bald ich mich aufrecht hielt, so gieng alles unter und über: und ich konnte

1765   19. September

nicht 3 Schritte allein über die Stube gehen; so, daß wenn ich es zwingen wollte aufrecht zu bleiben, so muste ich mich erbrechen. Da ich nun nicht wuste, ob es vom Kopfe oder vom Magen herrührte, so laxierte ich, nahm dan Fusswaser etc. und mit einem Worte wehrte mich gegen 2 Feinde zu gleich: allein dieß schlug uns um 4 Wochen zurück; und ich verließ halb gesund und halb krank Lille und kamm noch nicht viel besser nach Gent, wo wir nur einen Tag blieben.

Bei Wolfgang soll in Lille die 1762 in Wien festgestellte Knotenrose, eine Streptokokkeninfektion im Hals, neuerdings zum Ausbruch gekommen und auch später, begleitet von infektiösem Gelenkrheumatismus, noch des öfteren aufgetreten sein (Dr. Maurice Pestel in der »Presse Médicale«, Paris 1956).

Gent ist ein grosser aber nicht volkreicher Ort. Der Wolfg: spielte nachmittags auf der grossen neuen Orgel bey den P: P: Bernardinern etc.

Es handelt sich hier um die heute als Zisterzienser bezeichneten Benediktiner nach den Regeln des hl. Bernhard.

Antwerpen, aus »CAROLUS ALLARD: Orbis habitabilis Oppida et vestitus«, Amsterdam 1695

19. September 1765

In Antwerpen bleiben wir 2 Täge, wegen dem Sontage. Der Wolfgang: spielt in der Cathedral Kirche auf der grossen Orgel. NB: man findet in Flandern und Brabant durchaus gute Orgelwerke. Hauptsächlich aber wäre hier vieles von den auserlesnsten Mahlereyen zu sprechen. Antwerpen ist sonderlich der Ort dazu. Wir sind alle Kirchen abgelaufen. Ich habe niemals mehr Schwarz und weisen Marmor und ein überfluss von trefflichen mahlereyen, sonderlich von Rubens gesehen, als hier, und in Brüssel. vor allem ist die Abnehmung Christi vom Kreuz in der grossen Kirche in Antwerpen ein Stück von Rubens, so alle Einbildung übertrifft: in Antwerpen ließ ich meinen Wagen, und nahm einen Wagen vom Postmeister bis nach Mordyck. da fuhren wir über einen kleinen Arm von Meer, und auf der anderen Seite sind schon Kutschen bereitet bis Rotterdam, wo man dann in ein klein Schiff sitzet, und bis respective an das wirtshauß geführt wird. Daß war nun eine schöne Tagreise von Antwerpen bis Rotterdam: nämlich von halbe 7 Uhr morgens bis 8 Uhr abends. In Rotterdam waren wir nur einen halben Tag, indem wir nachmittags auf einem Trek Schuyt nach dem Haag abfuhren und um 7 Uhr schon da waren.

»Trek Schuyt«: ein Boot

Nun muß ich ihnen bekennen, daß es mir sehr Leyd wäre, wenn ich Holland nicht gesehen hätte: dann in allen Stätten von Europa, was ich gesehen hatte, siehet doch das meiste einander gleich. Allein so wohl die Holländischen Dörffer, als die Holländischen Stätte sind von allen anderen Stätten Europens gänzlich unterschieden. Es würde zu lange seyn solche zu beschreiben, genug, daß ihre Reinlichkeit |: die vielen von uns als zu übertrieben scheinet :| mir sehr wohl gefällt, und ich will nur anmerken, daß ich die Statue des berühmten Erasmi Rottersdami in Rotterdam auf dem Platze mit Vergnügen betrachtet habe.

Die Bronzestatue des Humanisten Erasmus von Rotterdam auf dem Groote Markt wurde 1622 errichtet.

Im Haag sind wir nun 8 Täge, wir waren 2 mahl bey der Prinzesin und 1 mahl bei dem Prinz von Oranien, der uns mit seiner

Equipage abholen und nach Hauße führen lassen: Allein meine Tochter ware nicht mit uns; denn nun kam die Reihe an Sie, und sie hat einen sehr starken Brust Cartharr, der nun anfangt loos zu werden. So bald sie besser ist, müssen wir wieder zum Prinz von Oranien und zu der Prinzessin von Weilburg und dem Herzog von Wolfenbüttel: – – die Reise ist bezahlt; – – wer nun aber die Rückreise bezahlen wird, muß ich erst sehen. dann meine Gelder in Amsterdam möchte ich gerne unberühret lassen. - -
Nun ist auch nothwendig, daß sie mir einen guten Schreib Commot Kasten kauffen. Ich verstehe, wie der ihrige, mit guten grossen Schubladen. Kurz! einen schönen und guten Kasten: wenn er auch Theuer ist; wo werde ich sonst allen den Plunder hinbringen? – –
Den Todt des Kaysers haben wir in Lille den 26.ten august erfahren.

Franz I. Stephan, der Gatte Maria Theresias, starb plötzlich am 18. August 1765 in Innsbruck an einem Herzinfarkt.

Kaiser Franz I. Stephan mit seiner technisch-naturwissenschaftlichen Sammlung. Gemälde von Johann Zoffany

5. November   1765

Es ist sehr gut, daß wir noch nicht nahe an Salzburg sind, weil es so viel Diebsgesindl im Land giebt, machen Sie nur daß es sicher wird, sonst bleiben wir noch länger aussen. – Und wie stehet es mit dem neuen Thor? – – ich dachte immer bey dem neuen Thor einzufahren.

Das »Neutor«, die Einfahrt zum Mönchsbergtunnel, wurde 1764 bis 1766 vom Hofbaumeister Wolfgang Hagenauer, einem gebürtigen Bayer, errichtet, am 26. Juni 1766 von Erzbischof Sigismund Christoph Graf Schrattenbach eröffnet, am 15. November eingeweiht, aber erst im Oktober 1774 dem allgemeinen Verkehr übergeben.

Warum hat doch Herr Estlinger nicht gewartet bis wir angekommen, um auf seiner Hochzeit danzen zu können? – – wir gratuliren ihm. Alte lieb rostet nicht! Er hielte eine alte Bass-Geige auch immer noch in Ehren, obwohl er eine neuere hatte. Ò wie oft hat er sie geflicket! – – – Wenn mein alter ehrlicher Raißwagen mich glück: nach Hause bringt, dann hat er auch daß seinige gethan. Es macht ein bischen nachdencken, wenn ich auf unsre Reise gedencke. ma foi, Es ist ein zimmlicher Spaziergang.

Joseph Richard Estlinger, Fagottist und Kopist, war 1762 gemeinsam mit der Familie Mozart als Faktotum in Wien.
Den Reisewagen kaufte Leopold im Dezember 1762 in Pressburg.
»ma foi«: franz., meiner Treu, wahrhaftig

Am 12. September 1765 erkrankt Nannerl an Bauchtyphus. Die ersten Konzerte bei Hof am 12. und 18. fanden ohne sie statt.

Haag le 5. Novb: 1765.
Monsieur!

Ja, ia! ganz gewiß: Homo proponit; Deus disponit. Ich habe eine sichere Probe davon. Der Mensch kann seinem Schicksaale nicht entfliehen. – – Ich muste wider meine Neigung nach Holland gehen, um alda meine arme Tochter, wo nicht gar zu verlieren, doch schon fast in den letzten Zügen zu sehen. Und wer trieb mehr an nach Holland zu gehen als meine Tochter ? — — Sie hatte das grösste Verlangen dahin zu reisen, wohin sie ihr schicksaal zog. — —

»Homo proponit; Deus disponit«: der Mensch denkt, Gott lenkt; nach den Sprüchen Salomonis 16,9

Sie erinnern sich, daß ich in meinem ersten von hier ihnen sagte, daß meine Tochter mit einem Cartharr gleich den zweyten Tage nach unserer Ankunft nämlich den 12.ten Sept: befallen wurde. Es schien anfänglich nichts zu bedeuten. ja es hatte das Ansehen, daß es sich zur Besserung neigte; ia es war auch besser, und sie war niemals zu Bette. Allein den 26.ten Abends kam ihr unversehens eine Kälte, daß sie zu Bette verlangte. Nach der Kälte kam die Hitze. Ich sahe also, daß sie das Fieber am Halse hatte. Den Tag darauf war sie nichts besser und ich ließ einen Medicum kommen. Kurz den 28.ten um 4 Uhr Abends wurde ihr Adergelassen: und obwohl die Puls sich etwas besserte, so war doch noch immer ein klein Fieber da. — — das gieng so fort mit etwas Catharrischen Auswurf; und da das Blut sehr inflammiert, und der halbe Theil weisser Schleimm oder Speck und kurz sehr böse aussache, so darfte sie wenig Suppen nehmen, hingegen muste sie viel wasser mit Milch vermischt trincken; dazu kam eine Kleinigkeit von Kornblumsaft etc:

Der »Medicum« war Dr. Levie Heymans (1726–1784).

Nachdem dieß einige Täge so fortgieng; so verfiehl der Medicus unglück: weise auf den Gedancken, daß der Catharr eine Deposition ad pulmonem gemacht hätte und quod sit fomica in pulmone. Mit einem Worte, er hielte es für einen Ansatz verschiedener Blattern und kleinen Geschweren in der Lunge. Er ordinirte morgens um 7 Uhr die Geißmilch zu trincken, vorher aber muste sie für ihren ordinaire Trank Selzer Wasser mit Milch trincken.

Das Selterswasser wurde in der Gemeinde Niederselters im Kreis Limburg in Hessen gewonnen und von dort weithin versandt.

5. November 1765

Dazwischen gab er ihr, um |: wie ich vermuthete :| zu verhindern, daß sie keine Diaraeam bekommt, folgende Pillulen.

Leopold zählt nun die Medikamente gegen den Durchfall auf – hier die Übertragung der Formeln: Karthäuserpulver als Brechmittel, in kleinen Dosen; Diaphoretisch-expectorierend, gepulverte Chinarinde, Chinarindenextract, Zitronenschalenwasser, Mineralkermes, Klatschmohnsyrup, Mohnsyrup. Syrup aus Eppich-, Spargel-, Fenchel-, Petersilien- und Mäusedorn-Wurzeln.

Nun brach mir alle Gedult auf einmal los; Ich sahe meine Tochter täglich abnehmen; sie hatte nun nichts mehr als die Haut und Knochen; und es fieng nun schon auch der Sedes an mir zu zeigen, daß eine Relaxatio universalis causata per aquam Seltranam im Anzuge seye. Der Medicus hatte selbst keine Hofnung mehr.

Nannerl bekam einen durch das Selterswasser veranlaßten Durchfall.

Mein armes Kind sahe eines theils die Gefahr selbst ein, und empfand ihre Schwäche. Ich bereitete sie zur Resignation in den göttlichen Willen; und sie empfieng nicht nur das heilige Abendmahl, sonderen der geistliche fand sie in so schlechten Umständen, daß er ihr auch das heilige Sacrament der letzten Öhlung gab: dann sie war oft so schwach, daß sie dasienige, was sie sagen wollte, kaum herausbringen kunte. Solte iemand unsere Unterredung, die wir 3, meine Frau, ich, und meine Tochter manchen Abend zusammen hatten, und wo wir dieselbe von der Eytelkeit dieser Welt, von dem glückseligen Tode der Kinder etc. überzeuget, gehöret haben; der würde ohne nassen Augen es nicht angehöret haben: da entzwischen der Wolfgangl im anderen Zimmer sich mit seiner Musique unterhielt.

Vermutlich waren es die »Capricci«, die Constanze Mozart 1799 dem Verlag Breitkopf & Härtel angeboten hat. Das sogenannte »dritte Skizzenbuch« ist verschollen.

Den nämlichen Tage den 21. Octob: |: als wir sie Nachmittag um 5 Uhr mit den heiligen Sacramenten versehen liessen :| ließ ich um halbe 2 Uhr |: das heist hier vor dem Mittag :| ein Consilium halten. Der ehrliche alte Herr Professor Zwenke |: der nirgends mehr hingehet, und den mir die Prinzessin von Weilburg geschicket :| zeigte gleich, daß er den Handl besser verstehet. Er nahm das Kind erstlich bey der Hand, und grief ihr alle Nerven. Er setzte seine Augen gläser auf, und beschauete sie in den Augen, die Zunge und das ganze Gesicht. dann vernahm er den Statum morbi.

Thomas Schwenke war Professor der Anatomie und Leibarzt der Prinzessin Caroline.

»Statum morbi«: der Zustand der Krankheit

Thomas Schwenke. Sepia-Kopie von Hendrik Pothoven (1782) nach dem verschollenen Ölbild von Mattheus Verheyden (um 1726)

Dieß war das erste mahl, daß ich meiner Wissenschaft der Lateinischen Sprache etwas sonderbares zu verdanken habe. Hätte ich nicht Latein gekannt; so wäre der Herr Professor etc. ganz anders berichtet worden. Denn nachdem der Medicus von seinem Gewissen schon überzeugt ware, daß er den Fleck neben das Loch gesetzt: so muste er natürlich den Statum Morbi so erklären und angeben, daß er seine angewendete Mittl rechtfertigen kunte. Allein, so oft eine Lüge kamm, so oft widersprach ich ihm; so wie ich ihm wegen seiner geglaubten Verwunderung, Geschwer, Blatter an der Lunge |: oder wie er sie tauffen wollte :| allzeit widersprochen hatte. Absonderlich sagte er, daß sie Schmerzen

5. November 1765

gehabt hätte, und daß sie nicht ieder seyte liegen könnte; welches doch nicht wahr und von mir allzeit widersprochen ward; indem sie niemals weder einen Schmerz empfunden, und auf allen Seiten liegen und schlaffen können. Der Herr Professor zeigte ganz klar, daß es nichts als eine ausserordentlich dicke verschleumung war. Er verboth Milch und Selzerwasser. Er befahl ihr gute kälberne Suppen mit stark versottenem Reis zu geben: Zum Gedranck, wasser mit gebähten Brod und zu Zeiten eine Arth von Orgeade, mit Gerstenwasser, mandlmilch, aqu: Cinam: oder Zimmtwasser.

»Orgeade«: Orangenblütenwasser

Dann verschrieb er folgende Latwerge, davon sie mehr nicht denn alle 4 Stunden, und nach den Umständen alle 6, ia nur alle 12 Stund ein kleines Caffé löferl voll nehmen muste. nach den Umständen; sie werden es gleich hören.

Latwerge ist ein Dicksaft, eine süße breiige Arzneimischung, in diesem Falle aus Alant-Wurzel-Pulver, frisch gepreßtem Öl der süßen Mandel; ferner Lauchgamander, rote Rosenblüten, Natterwurz, Enzianwurzel, Tormentill-Wurzel, armenischer Bolus, Opiumextrakt etc.

Es that auch einen trefflichen Effect. – – so bald sie aber diese Latwerge 2 bis 3 mahl genommen, so fieng sie an die meiste Zeit zu schlaffen. Wir gaben sie ihr dan nur alle 8, und endlich nur alle 12 Stund;
Diese ganze Zeit über war sie schlaffend und wachend niemals bey sich, und sprach immer im Schlaf, bald englisch, bald französisch bald Deutsch, und da sie von unsern Reisen materie genug im Kopfe hatte, so musten wir, bey aller Betrübniß, oft lachen. das war etwas, so den Wolfgangerl ein wenig aus seiner Traurigkeit brachte, die er wegen seiner Schwester hatte.
Nun kommt es darauf an, ob ihr Gott die Gnade giebt, daß sie wieder zu ihren Kräften gelanget, oder ob ein anderer Zufall dazu kommt, und sie in die Ewigkeit schicket. Wir haben uns iederzeit dem göttlichen Willen überlassen, und schon ehe wir von Salzburg abgereiset sind, so haben wir Gott inständigst gebetten, unsere vorhabende Reise zu verhindern oder zu seegnen. Stirbt meine Tochter; so stirbt sie glückseelig. Schenckt ihr Gott

das Leben; so bitten wir ihn, daß er ihr seiner Zeit eben so einen unschuldigen seel: Tod verleihen möge, als sie ietzt nehmen würde. Ich hoffe das letztere: indem, da sie sehr schlecht war, am nämlichen Sontage ich mit dem Evangelio sagte: »Domine descende«: komme Herr! bevor meine Tochter stirbt. Und diesen Sontage hieß es: »Die Tochter schlief: dein Glaub hat dir geholfen«. Suchen sie nur im Evangelio, sie werden es finden. – – –

»Domine descende«: ein Zitat aus dem Evangelium zum 20. Sonntag nach Pfingsten (Joh. 4, 46–53), in dem von der Heilung eines sterbenden Sohnes berichtet wird.
Das zweite Zitat ist etwas verändert bzw. zusammengezogen aus dem Evangelium zum 23. Sonntag nach Pfingsten (Matth. 9, 18–26).

Übrigens können sie sich leicht vorstellen, wie wir ietzt lebten, und wie mein ganzes Concept auf einmal wieder verrücket ist. Unser Kind konnten und wollten wir nicht frembden Händen vertrauen. Folglich gehet meine Frau schon so lange Zeit nicht eher als morgens um 6 Uhr zu bette, wo ich dan aufstehe und bis Mittag meiner Tochter abwarte; dann hat meine Frau und ich die Nacht bis den Mittag getheilt und iedes schläft 5 bis 6 Stund. Nun wie lange wird es zu gehen bis meine Tochter |: wenn sie sollte genesen :| im Stande zu reisen ist? – –
Die Jahrs Zeit ist am schlechtesten. und wird nimmer bösser. Unsere Beltze sind von Calais nach Paris gegangen: Denn, nach meiner Rechnung, wären wir ietzt schon wieder aus Holland weggegangen. sie fragen mich immer was für einen Weeg ich nach Hause nehmen werde. Habe ich ihnen dann nicht geschrieben, daß ich einen Coffré von Calais nach Paris geschicket habe? – und sie wissen ia, daß ich vorhero schon viel Bagage in Paris gelassen habe. Ich muß also über Paris; und will auch über Paris. Es ist mein Schade nicht. Meine Gedancken waren die 3 Monate August, Sept: und October in brabant, Holland und Flandern zu zubringen, den Novb: in Paris zu bleiben und im December nach Hause zu reisen, so, daß ich ad Festum S: Thomae sicher zu Hause gewesen wäre.

Das Fest des hl. Thomas wird am 21. Dezember gefeiert.

5. November   1765

Nun hat Gott einen Strich durch meine Rechnung gemacht; und es kommt ietzt nicht mehr auf mein Wollen; sondern auf die Umstände meiner Tochter an; und jeder vernünftiger wird einsehen, daß ich mein Kind, wenn Gott ihr das Leben schencken will, nicht muthwilliger weise der augenscheinlichen Gefahr sie durch eine solche unzeitge Reise ums leben zu bringen, aussetzen kann. Daß ich keinen Nutzen, sondern den grösten schaden von diesem Zufalle habe, ist leicht zu begreiffen; und ich glaube, daß man sich genug zu verwundern hat |: wenn man es wohl betracht :| wie ich diese Reisen, und NB: auf solchem Fusse auszuhalten im Stande bin: Denn Franck: Engelland und Holland sind keine Länder wo man von Zwölfern und batzen, sondern von Nichts als Louis d'or, Guineés, ducaten und Rydern spricht. Das wissen sie vielleicht nicht was ein Ryder ist? Es ist eine Holländische Gold Sorten, die ganzen gelten 14 f: die halben 7 f: Holländ: ich werde sie ihnen zeigen. Meine ietzigen Unkösten sind ganz abschäulich: dann hier muß alles bezahlet werden. Man weis ia was Holland ist. das reist mir ein zimliches Loch in Beutl. Basta! was ist es um das Geld! wenn ich nur mit den meinigen wieder gesund davon komme.
Nun habe ich zwar gar schlechten Lust nach Salzburg zu kommen bevor das neue Thor gemacht ist. Denn das Thor nach Mülln muß auch noch zusamen fallen: es stehet auf der Wasserseite schon lange in Lüften. Und wenn ich komme, so fahre ich um die Riedenburg. Es fehlt zwar in Salzburg nicht am fleisigen nachsehen und öfteren visitieren; absonderlich wenn man ein tägliches Deputat davon hat: Allein – – ja was allein? – – das mögen sie und andere gescheute Leute gleichwohl errathen.

Das »Thor nach Mülln« ist das heute noch stehende Klausentor.

Ich war noch nicht in Amsterdam; allein, sobald meine Tochter so im stande ist, daß ich meine Frau allein bey ihr lassen kann; so fahre ich mit dem Wolfgang allein auf etliche Täge hin. Auf der Post ist man in 6 bis 7 Stunden da. Auf dem Wasser braucht man länger.

Dieser geplante »Ausflug« fand nicht statt.

Eine Woche nach der Genesung Nannerls, am 15. November, erkrankt Wolfgang an Bauchtyphus und schwebt fast zwei Monate in Gefahr.

Monsieur.   à la Haye le 12. Decemb : 1765.

Damit ich ihnen gleich Anfangs alle Sorge benehme, so sage ich ihnen, daß wir, Gott Lob, alle am Leben sind. – Ja ich kann fast sagen, daß wir alle gesund sind: dann unser lieber Wolfgangerl hat nun durch die Hilfe Gottes, auch seinen förchterlichen Strauß ausgestanden, und ist auf dem Wege der Besserung.
Kaum war meine Tochter 8 Täge aus dem Bette und hatte gelernet allein über die Stuben-Boden zu gehen; so überfiel den Wolfgangerl den 15. Novb: eine Unbässlichkeit, die ihn in Zeit von 4 Wochen in so elende Umstände setzte, daß er nicht nur absolute unkantbar ist, sondern nichts als seine zarte Haut und kleine Gebeine mehr an sich hat, und nun seit 5 Tägen aus dem Bette täglich in einen sessl gebracht wird; gestern aber und heute führten wir ihn ein paar mahl über das Zimmer, damit er nach und nach wieder die Füsse zu bewegen, und auch allein freystehen lernen möge. Sie möchten wissen was ihm gefehlet hat? Das weiß Gott! ich bin müde ihnen Krankheiten zu beschreiben.
Es fieng mit Hitzen an. Kein schwarzes Pulver hatten wir mehr, wir gaben ihm demnach nach gewohnheit, 3 mahl hintereinander etwas Margrafen Pulver: allein es that keine Wirkung. Es schien eine Art eines hitzigen Fiebers zu seyn; und es war es auch.

Das »Margrafen Pulver«, ein Hausmittel Leopolds, bestand aus pulvis Magnesiae cum Rheo und war schweißtreibend.
Dann kam der »Medicus« Dr. Heymans und verordnete einen Aufguß von Holunderblüten, Holundermus, Johannisbeerenmus und versüßtem Salpetergeist als Gurgelwasser gegen Angina.

12. Dezember 1765

> *Dann verordnete Herr Professor Schwenke wieder Braunwurzen-*
> *wasser, Veilchensyrup, Kampfer und Gerstenwasser.*

davon muste man ihm alle 3 Stund einen Löfel voll geben. Und ie mehr ihm dieß transpiration machte, ie mehr sollte er trincken, nämlich wasser mit Brod und schwachen Thée. den 23.ten wurde ihm ein Clysma gegeben, und den Hh: medicis war sehr bange.

> »*Clysma*«: Klistier

Den 30.ten war er sehr gefährlich; Den 1. Decembris aber, war er besser und dann lag er 8 Täge ohne ein Wort zu sprechen. Nun hieß es freylich, daß das Fieber alles weg wäre. Allein nun möchte man gleichwohl zu sehen, ob es möglich wäre die verlohrnen Kräften zu erhollen. dazu sollte ein Mixtur dienen. Nämlich:

> *Übertragung der lateinischen Formeln:* »*Chinarindenextrakt, Melissenwasser, Orangenblütenwasser, Veilchensyrup.*«

Nach der Hand gaben wir ihm gesultztes Hirschhorn etc.

> *Geraspeltes Hirschhorn wurde mehrmals mit lauwarmem Wasser ab-*
> *gespült, dann mit Wasser gekocht, duch wiederholtes Abseihen ge-*
> *klärt und so weit eingedampft, daß die Lösung beim Abkühlen zu*
> *einer Gallerte erstarrt; knapp vorher wird etwas Zitronensirup oder*
> *Wein und Zucker zugesetzt. (Dr. K. Ganzinger, Wien)*

Mit einem Wort, nachdem er fast 8 Tag geschlaffen, und nichts gesprochen; so kammen endlich die geister wieder etwas zu Kräften: alsdan sprach er tag und Nacht, ohne das man wuste, was es ware. Nun aber |: Gott Lob :| gehet es gut. Unter seiner Kranckheit muste man immer für die Zunge sorg tragen, die die meiste Zeit wie Holz so trocken und unrein ware und oft muste gesäubert werden; Die Lippen verloren 3 mahl ihre Haut die Hart und schwarz wurde.

Unsere Nachtwachten giengen wieder auf den nämlichen Fuß fort, wie bey der Krankheit meiner Tochter. Es ist also eine grosse Gnade Gottes, daß wir, und sonderlich meine Frau, dieses

alles haben ausstehen können. Nun, gedult! was Gott sendet, daß muß man annehmen. Jetzt kann ich nichts anderes thun, als die Zeit erwarten, bis es dem Allerhöchsten beliebet meinem Wolfgang so viel Kräften zu geben, daß wir eine so wichtige Reise, und zu einer solchen Jahreszeit unternehmen können. Auf die Unkösten ist gar nicht zu gedencken, holl der Guck Guck das Geld, wenn man nur den Balg davon trägt.
Übrigens darf ich ihnen unsere fernere Umstände nicht beschreiben, in denen wir uns seit 3 Monaten befanden, und wenn wir nicht eine ganz ausserordentliche Gnade Gottes gehabt hätten; so würden meine Kinder diese schweren Kranckheiten, und wir diese schwäre Zufälle nicht haben überstehen können.

Und wie üblich bittet Leopold, heilige Messen lesen zu lassen ... diesmal sind es neun.

Meine Tochter ist nun so wohl, daß man ihr nichts mehr von ihrer Kranckheit ansiehet. Ich hofe zu Gott, daß unser lieber Wolfgang sich auch in wenig Wochen erhollen wird; dann die Jugend kann sich bald wieder aufhelfen.
Die Krankheit meiner Kinder hat nicht nur uns, sondern alle unsere Freunde hier in Betrübniß gesetzet, sonderlich die Krankheit unsers Wolfgang; dann meine Tochter kennet man hier noch nicht, weil sie den Tag nach unserer Ankunft schon erkranket ist. Wer aber meine Freunde hier sind, kann ich nicht melden, weil man es für grosssprecherey halten möchte.

Leopold bezieht sich im Folgenden auf einen von ihm gewünschten Kasten, den Lorenz Hagenauer bereits »angefrimmt«, d.h. bestellt hat:

Sie haben sehr wohl gethan einen neuen Kasten anzufrimmen. Was die messingene Beschläge anbelanget, so müssen solche von einem Gürtler accordirt werden: Denn dergleichen Sachen sind eben nichts ausserordentliches in London und alle arbeit abscheulich theuer. Nur bitte keine Knöpfe, sonderen Handhaben an die Schuebladen machen zu lassen: und überhaupts bitte zu

12. Dezember 1765

sorgen, daß alles schön flach, nieder und glattweg gearbeitet seye, ohne daß es etwa von getriebener Arbeit oder sonst mit vielen Einschnitten und Fugen gemacht, sondern flach und nieder gearbeitet folglich leicht zu butzen seye, denn in diesem allein bestehet eigentlich der englische Geschmack im Arbeiten, daß es gut, flach, und nieder, und keinesweegs hoch und viel verkraust seye. ich bin so heicklich nicht, sie därfen nicht bange seyn; machen sie es nur nach ihrem Geschmacke, dann ich weis, wir sind in diesen Stücken von einer Meinung, und gusto.

Der Kasten wird am besten stehen, an dem nämlichen Platz, wo der ihrige stehet, nämlich wo das Bild des heiligen Johannes Nepomuceni ist. Welches als dann, samt dem kleinen kastel just gegen über zwischen die Cabinet Thür und Stubenthür kann gebracht werden. Was nun dort ist, wird alsdann schon einen anderen Platz bekommen.

Johannes von Nepomuk (geb. ca. 1345) war Generalvikar des Erzbischofs von Prag. König Wenzel IV. ließ ihn am 20. März 1393 verhaften – der wahre Grund ist nicht eindeutig erwiesen. Er wurde grausam gefoltert und am 16. Mai 1393 von der Karlsbrücke in die Moldau geworfen.

Ich habe ihnen über dergleichen Puncten seiner Zeit noch vieles zu schreiben. Zum Exempel: wo wird dann meine Tochter schlaffen? Wo wird der Wolfgang sein Quartier aufschlagen? Wo wird ich für ihn einen besonderen Platz zum studieren und seiner Arbeit, deren er vielerley haben wird, finden? und wo bleib ich? meine Kinder und ich soll iedes seinen Platz haben, um keines dem anderen hinderlich zu seyn. Können sie denn nicht noch ein paar Zimmer anbauen lassen? aber ohne Zauberey! – – Wie befindet sich denn unser Fliegel? – – sind viele Sayten abgesprungen? – – Wenn nicht vielle Sayten weggesprungen sind, so hat es nichts zu bedeuten: sollten aber viele Sayten weg seyn, so müste man den Herrn Egedacher bitten, daß er solchen beziehen möchte; allein ich wollte den Herrn Spitzeder oder Herrn Adlgasser gebetten haben dabey zu seyn, und sorg zu tragen, daß die Seyten in der nämlichen Dicke aufgezogen werden, als sie waren, indem der Fliegl sonst im Klange schwächer wird;

NB: das ist aber nur im Falle vielle Sayten abgesprungen wären, daß es dem Flügel schaden möchte.

Die Familie Egedacher stammte aus Straubing/Niederbayern. Joseph Christoph Egedacher (gest. am 5. April 1706) war Hoforgelmacher in Salzburg und erbaute 1703 die große Domorgel, sein Sohn Johann Christoph (1664–1747) vergrößerte sie 1705 und verbesserte sie 1718. Dessen Sohn Johann Rochus (1714–1785) war Hoforgelmacher von 1743 bis 1774, baute 1753 die große Domorgel um, erneuerte das Hornwerk auf Hohensalzburg und baute die Wasserorgel in Hellbrunn. Er betreute den Flügel Leopolds, der wahrscheinlich aus der Werkstatt Egedachers stammt.

Franz Anton Spitzeder (1735–1796) war Tenorist in der Hofkapelle; Anton Cajetan Adlgasser (1729–1777) Hoforganist. Beide gehörten zum engeren Freundeskreis der Familie Mozart.

Ich bin frohe, daß meine Küste aus London angekommen ist. Es werden wohl noch vor unserer Ankunft etwas aus Holland, und ein paar Coffre aus Paris vor unser in Salzburg anlangen: und wir werden doch mit der Hilfe Gottes noch unsern Wagen mit 2 Coffre und einem grossen Mantl Sack beladen mit bringen. das Magazin und die Sitztrüchel sind ohnehin allzeit voll.

Wir empfehlen uns noch ferner in ihre Andacht, und in Hofnung einander mit Gottes Hilfe, wieder gesund zu sehen, bin ich samt meiner 3 Monat lang im Zimmer gefangenen Frau, meinen vom Todten erstandenen 2 Kindern der alte – –

Das Statthaltereigebäude in Den Haag

17. Jänner   1766

AUS DEM »'S-GRAVENHAEGSE VRIJDAGSE COURANT«,
17. Januar 1766 (Übersetzung)

Mit Bewilligung wird Herr Mozart, Kapellmeister der Musik des Fürsterzbischofs von Salzburg, die Ehre haben, am Mittwoch, den 22. Januar 1766, ein Grosses Konzert bei den »Oude Doelen« im Haag zu geben, worin sein Söhnchen, 8 Jahre und 11 Monate alt, und seine Tochter, 14 Jahre alt, Konzerte auf dem Cembalo aufführen werden. Alle Ouvertüren werden von der Hand des jungen Komponisten sein, der nicht seinesgleichen hat und die Bewunderung der Höfe von Wien, Versailles und London fand. Der Eintrittspreis ist für eine Person 3 Gulden, für einen Herrn mit einer Dame ein Dukaten. Die Karten werden verausgabt bei Herrn Mozart, wohnhaft im Hause des Herrn Eskes, Uhrmachermeister auf dem Hof-Spuy im Haag, wo das Hotel »Zum Hof von Utrecht« ist.

Um den 26. Januar 1766 übersiedelt die Familie Mozart von Den Haag nach Amsterdam, wo sie im Gasthof »Zum goldenen Löwen«, Warmoesstraat, absteigt.

Während dieses ersten Aufenthaltes in Amsterdam – von Ende Januar bis Anfang März 1766 – finden zwei öffentliche Konzerte der Kinder in der »Salle du Manège« statt: am 29. Januar und am 26. Februar. In der Anzeige des »Dinsdagsche Courant« ist angekündigt, daß Wolfgang auf der Orgel »de ses propres Caprices« spielen werde. Möglicherweise handelt es sich um Capricci aus dem erwähnten »Skizzenbuch«.

Im Januar komponiert Wolfgang 8 Variationen über ein holländisches Lied von Christian Ernst Graf, geboren um 1726 in Rudolstadt. 1762 wurde Graf Königlicher Kapellmeister in Den Haag, in Holland nannte er sich Graaf. Er starb zwischen 1802 und 1804 in Den Haag. Im Februar komponierte Wolfgang 7 Variationen über das niederländische Lied »Willem von Nassau«.

Paris 16. Maii 1766

Monsieur!

Sie werden sich unfehlbar ganz erstaunlich verwundern, daß sie so lange Zeit von mir keinen Brief erhalten haben. Daß ich ihnen und meinen Freunden keine so genaue Beschreibung von Holland bisher gemacht habe, als ich sonst von Franckreich und Engelland zu thun gewohnet war, war die Kranckheit meiner Kinder die einzige Ursache. Wir sind von Amsterdam zu dem Fest des Prinzen von Oranien |: so den 11.ten Merz war, und einige Zeit dauerte :| wieder nach dem Haag gegangen; wo man unsern kleinen Compositeur ersuchte 6 Sonaten für das Clavier mit dem Accomagnement einer Violin für die Schwester des Prinzen, nämlich für die Princesse von Nassau Weilburg zu verfertigen, die auch gleich graviert worden.

Willem V. wurde an seinem 18. Geburtstag, am 8. März 1766, mündig gesprochen, also die Vormundschaft beendet. Aus diesem Anlaß wurden mehrtägige »Festiviteten« veranstaltet.
Wolfgang komponierte zur Feier der Installation das Quodlibet »Galimathias musicum«, eine Folge von eher zusammenhanglosen 18 Stücken. Bemerkenswert das 10. Stück: Mozart verwendet das Volkslied von den »Acht Sauschneidern«. Bei Joseph Haydn finden wir es schon 1765 im Capriccio für Klavier und dann 1767 im Menuett seines Streichquartetts op. 3 Nr. 6.
Im 18. Stück des Quodlibets bildet Mozart die Fuge mit dem Lied »Willem van Nassau«, über das er auch die vorhin erwähnten 7 Variationen geschrieben hat.

Die 6 Klavier-Violin-Sonaten (KV 26 bis 31) komponierte Wolfgang im Februar in Den Haag – sie sind als Opus IV in Den Haag bei Burchard Hummel erschienen.

16. Mai 1766

Ich werde die Ehre haben ihnen meine Violin Schule in Holländischer Sprache vorzulegen. Dieß Buch haben die H: H: Holländer in dem nämlichen format in meinem Angesicht in das Holländische übersetzt dem Printzen dedicirt und zu seinen Installations=Fest presentirt.
Die Edition ist ungemein schön, und noch schöner als meine eigene. Der verleger |: der Buchdrucker in harlem :| kamm mit einer Ehrfurchtsvollen Mine zu mir und überreichte mir das Buch in Begleitung des Organisten, der unseren Wolfgang: einlude auf der so berühmten grossen Orgel in Harlem zu spillen, welches auch den Morgen darauf von 10 bis 11 Uhr geschache.
Es ist ein trefflich schönes Werck von 68 Register. NB: alles zünn; dann holz dauert nicht in diesen feuchten Land.

Leopold veröffentlichte 1756 seine Violinschule bei seinem Augsburger Freund Johann Jakob Lotter. Es ist ein wichtiges Werk für das Verständnis und die Interpretation der Musik dieser Epoche.

Der Organist war Henricus Radecker. Die Orgel wurde 1738 von Christian Müller vollendet. Sie hatte 3 Manuale, 68 Register und 5000 Pfeifen, darunter solche mit bis zu 40 cm Durchmesser und 10 m Höhe.

Es würde zu weitläufig seyn unsere Reise aus Holland über Amsterdam, Utrecht, Rotterdam, über die Maas, dann über einen Arm von Meer bey der Mordyck, nach Antwerpen zu beschreiben.

In Utrecht hat »Herr Mozart, Virtuose, das Kollegium ersucht, das Orchester und die Instrumente benutzen zu dürfen ...«. (Protokoll des Collegium Musicum Ultrajectinum vom 18. April 1766)

Noch unmöglicher wäre den ietzigen betrübten Stand der ehemals grösten Handels Statt Antwerpen zu beschreiben, und die Ursachen davon anzuführen; Wir werden seiner Zeit mündlich davon sprechen. Wir giengen über Mecheln, wo wir unsern alten bekannten den dasigen Tit: Herrn Erzbischofen besuchten, nach Brüssel: wo wir nur einen Tag ausrueheten und von da um 9 Uhr Morgens mit der Post abgiengen, und um halb 8 Uhr Abends in Valenciennes anlangten. In Brussel nahmen wir für unsere Nothwendigkeit etwas von Spitzen, und in Valenciennes zu unserm Gebrauch etwas Battist oder Cambray Leinwandt mit, nämlich ein Stuck glatten und ein Stuck geblumten.

Während des Aufenthaltes in Antwerpen in der Fastenzeit wird ausnahmsweise ein Konzert der Kinder erlaubt.

Cambrai hat berühmte Batistwebereien. Eine Spezialität ist ein dichter, feinfädiger, gebleichter, leinwandbindiger Stickereigrundstoff aus Baumwolle, Cambric genannt.

In Valenciennes habe das künstliche Uhrwerck am Rathhause besehen, und in Cambray das Grabmahl des grossen Fénelons, und seine marmorne Brustbild-Säule betrachtet, der sich durch seinen Telemach, durch das Buch von der Erziechung der Töchter, durch seine Gespräche der Todten, seine Fabeln und andere geistliche und weltliche Schriften unsterblich gemacht hat. Dann sind wir ohne Aufenthalt nach Paris fortgerückt, wo wir das von unserm Freunde Mr Grimm für uns bestellte Quartier bezohen haben. Wie wir logiert sind, und was es kostet, erspare mündlich zu sagen. – – –

François de Salignac de la Mothe-Fénélon (1651–1715) war Erzieher der Enkel Ludwigs XIV. und Erzbischof von Cambrai.

16. Mai 1766

Die Familie traf am 1. Juni in Paris ein und wohnte beim Bademeister Briel, rue Traversière, in nächster Nähe des Palais Royal. Die Miete betrug 3 Louis d'or und 3 livres für jeweils 15 Tage.

Wir haben, Gott lob, unsere Bagage hier in gutem Stande gefunden; und da wir nun wieder hier schwarz gekleidet gehen müssen; so sieht man, um wie viel meine Kinder gewachsen sind. Wir befinden uns Gott sey unendlichen Danck gesagt, alle wohl, und empfehlen uns ihnen dero Frauen liebsten und sammtlich angehörigen und guten Freunden von Herzen. Vom ersten Anblicke wird den Wolfgangerl wohl niemand mehr in Salzburg kennen; es ist eine schöne Zeit, daß wir abwesend sind, und unterdessen hat er viel 1000 Menschen gesehen und kennen gelernet.

Von hier aus werde einen grossen Coffre, dann einen etwas kleineren und glaublich noch eine kleine Küste absenden. Das ist auch nebst meinem Verrichtungen noch eine Plage, diese Sachen alle in Ordnung zu bringen; das kann niemand wissen, der es nicht erfahren hat. Wir führen über all dieses noch unsern grossen Coffre, noch einen kleinen, dann einen grossen Mantlsack, und 2 Sitztrüchel nebst dem Magazinn voll mit Bagage mit.

Mozart als Zehnjähriger. Jean Baptist Grenze, Paris 1766

1766 16. Mai

In seinem »Lettre de Paris 1766« ist Friedrich Melchior Grimm voll des Lobes über die Kinder und den Vater – über das »Wachstum« Wolfgangs ist er allerdings anderer Meinung:

BRIEF AUS PARIS 1766
(Übersetzung)

So eben haben wir hier die beyden liebenswürdigen Kinder Hrn. Mozart's, Kapellmeisters bey dem Fürst-Erzbischof von Salzburg gesehen, die so vielen Beyfall während ihres Aufenthalts in Paris 1764 gehabt haben. Ihr Vater ist achtzehn Monat in England und sechs Monat in Holland gewesen, und hat sie vor Kurzem hierher zurück gebracht, um von hier nach Salzburg zurück zu kehren. Ueberall, wo sich diese Kinder einige Zeit aufgehalten haben, ist nur Eine Stimme zu ihrem Vortheile gewesen und sie haben alle Kenner in Staunen gesetzt. Mademoiselle Mozart, jetzt dreyzehn Jahre alt, übrigens sehr von der Natur begünstigt, hat die schönste und glänzendste Ausführung auf dem Claviere; nur ihr Bruder allein vermag die Stimme des Beyfalls ihr zu rauben. Dieser wundervolle Knabe ist jetzt neun Jahre alt. Er ist fast gar nicht gewachsen; aber er hat ungeheure Fortschritte in der Musik gemacht. Er hat schon vor zwey Jahren Sonaten componirt und geschrieben, er hat sechst Sonaten seitdem in London für die Königin von Grossbritannien stechen lassen; sechs andere hat er in Holland für die Prinzessin von Nassau-Weilburg herausgegeben, er hat Symphonien für ein grosses Orchester componirt, die aufgeführt und mit allgemeinem Beyfall aufgenommen worden sind. Er hat sogar mehrere italienische Arien geschrieben, und ich gebe die Hoffnung nicht auf, daß er, noch ehe er zwölf Jahre alt ist, schon eine Oper wird haben auf irgend einem Theater Italiens spielen lassen.

Aber das Unbegreiflichste ist jene tiefe Kenntniss der Harmonie und ihrer geheimsten Passagen, die er im höchsten Grade besitzt, und wovon der Erbprinz von Braunschweig, der gültigste Richter in dieser Sache, so wie in vielen andern, gesagt hat, daß viele in ihrer Kunst vollendete Kapellmeister stürben, ohne das gelernt zu haben, was dieser Knabe in einem Alter von neun Jahren leistet. Wir haben ihn anderthalb Stunden lang Stürme mit

16. Mai   1766

Musikern aushalten sehen, denen der Schweiss in grossen Tropfen von der Stirne rann, und die alle Mühe hatten, sich aus der Sache zu ziehen mit einem Knaben, der den Kampf ohne Ermüdung verliess. Ich habe ihn gesehen, wie er auf der Orgel Organisten, die sich für sehr geschickt hielten, besiegte und zum Schweigen brachte. Bach nahm ihn zuweilen zwischen seine Kniee, und sie spielten so zusammen abwechselnd auf dem nämlichen Claviere zwey Stunden lang in Gegenwart des Königs und der Königin. Uebrigens ist er eines der liebenswürdigsten Wesen, die man sehen kann: in alles, was er sagt und thut, bringt er Geist und Gefühl, vereint mit der Anmuth und dem holden Wesen seines Alters. Er benimmt sogar durch seine Munterkeit die Furcht, die man hat, daß eine so frühreife Frucht vor der Zeit abfallen möchte. Bleiben diese Kinder am Leben, so werden sie nicht in Salzburg bleiben. Bald werden die Beherrscher sich um ihren Besitz streiten. Der Vater ist nicht nur ein geschickter Tonkünstler, sondern er ist auch ein Mann von Verstand und Geist, und noch nie sah ich einen Mann von seiner Kunst, der mit seinem Talente so viel Verstand verband.

Leopold sinniert über die zu frühe Ablegung eines Ordensgelübdes ...

ich bin durch so viele Beyspiele die ich auf meinen Reisen erfahren in meiner iederzeit gefasten Meinung bestättiget worden, daß es sehr übl, ja recht Seelenverkäufferisch gehandlet ist, junge leute vor ihren 25.ten Jahre zur ablegung eines Ordensgelübt zu lassen. Sollte das höchste Kirchen Oberhaupt und alle Prälaten der Kirche |: ich verstehe nicht die Prälaten der Klöster :| Engelland, Holland, und die Schweitz etc. durchwanderen und umständlich von allem benachrichtiget seyn, so würden sie keinen Tag versaumen die Ablegung des klösterlichen Ordens Gelübdte auf das 25.te Jahr hinauszusetzen. Engelland, und sonderlich Holland wimmelt von solchen unglücklichen Menschen, ich werde ihnen eine Menge an den Fingern herzehlen: und Sie darffen nicht glauben, daß es eben alle liederliche Pursche sind.

Ò ich kenne viele, die im ledigen Stand sind; die gar die Religion nicht verändert haben, und die überhaupts eine höchst auferbauliche Lebensart führen. Es ist unmöglich die Sache so zu schreiben, wie sie ist. ich muß es auf unsere mündliche Unterredung ersparen: mir blüttet das Herz, so oft ich auf dergleichen Sachen dencke. Warum denn nicht auf das 25.te Jahr setzen? weil vielleicht mancher reicher Candidat oder manches gutes Subiectum entzwischen seinen Beruff besser untersuchen und erkennen, der aine mit seinem Geld und der andere mit seinem geschickten Kopf, so dann nicht einen todten Cörper, sondern einem lebenden allgemeinen Staat nützen, und seinem Beruff besser nachkommen würde. Nehmen sie mir mein Eyfer nicht üb:; ich liebe die Menschen und ihre Ruhe: und mein Herz ist beklemmet, wenn ich einen Menschen sehe, der auf seine ganze Lebenszeit soll elend und geplagt seyn, und noch überdaß eine unglückselige Ewigkeit zu erwarten hat. Sprechen wir von etwas anders!

Nun möchten sie wohl auch gerne wissen, wenn wir in Salzburg einzutreffen gedencken? Wenn es nach unserer Meinung gegangen wäre, so wären wir längst zu Hause; und da wir nun in Paris sind, so scheinet es uns nach der proportion unsrer vorigen Reisen, als wären wir schon halb zu hause. Daß wir hier eine kurze Zeit verbleiben ist richtig; und desswegen bitte mir bald zu schreiben, damit mich der Brief noch hier antrifft. Sollte ich aber in allem falle schon weg seyn, so wird unser Freund Mr: Grimm mir den Brief schon zusenden. daß wir nun aber nicht gerade zu aufsitzen, und schnurgerade nach Salzburg fahren können, ist leicht zu begreifen. Es würde meinen Kindern, und meinem Geldbeutel zu beschwerlich fallen. Es wird mancher noch etwas zu dieser Reise bezahlen, der ietzt noch nichts davon weis. Genug! wir werden thun was möglich ist, um bald nach hause zu kommen. Legen sie uns entzwischen S:r Hochfürstlichen Gnaden zu Füssen etc. etc. empfehlen sie uns unsern Freunden, und sind sie versichert, daß wir dem Augenblicke mit Ungedult entgegen sehen, ihnen mündlich zu sagen, das ich unabänderlich bin.

9. Juni 1766

Paris 9.ten Juin 1766

Monsieur!

Hat nicht etwa bey ihnen im Hause iemand die Ischiatica oder einen Revmatismum ?
Über 2 bis 2 ½ Jahr habe ich nicht den mindesten Anstoss gehabt; Und eben da ich den 7.ten diss ihr Schreiben vom 29.ten Maii erhalte, so überfällt mich auch zugleich ein Revmatismus am obern Schenckl des rechten Fusses, daß für Schmerzen die wunderlichsten Gesichter schneide.
Ich hoffe nicht, daß es lange anhalten, oder etwa gar schlimmer werden wird, indem wir künftige Woche wieder nach Versailles gehen sollen; wo wir erst vor 12 Tagen, auf 4 Täge waren. Ich fange diesen Brief den 9.ten Juin zu schreiben an, als an dem Tage, an welchem wir vor 3 Jahren aus Salzburg abgereiset sind. Wenn ich ihn enden werde, wird der Schlus des Briefes lehren.

In Salzburg – und in Österreich – wird das ganze Bein in der Umgangssprache als »Fuss« bezeichnet.

Bishieher habe ich schreiben können, und nicht weiter, ich wurde verhindert, und bis heute den 13.ten da ich dieses schreibe; hatte ich 4 schlafloose und schmerzhafte Nächte, und keine bessere Täge; wie es halt schon der gebrauch ist. Ein krancker Mann, ein armer Mann!

Leopold macht sich Gedanken über die architektonische Zukunft Salzburgs ...

Ich venehme, das Plätze zur Erbauung der Häuser ausser dem Neuen Thore vergeben werden; allein ich hoffe auch, daß man ein Dessin entwerffen wird, nach welchem die neuen Häuser müssen verfertigt werden, um eine schöne Gleichheit, wenigst in der Höche des Hauses und der Stockwercke zu erhalten. Der Augenschein kann auch zeigen, ob man nicht, da oder dort ein Alleé vom Bäumen anlegen solte. Ich wollte nun gleich den Ofenlochberg hinweg wünschen, um die schöne Ebne zu gewinnen. Nach der mir gemachten Beschreibung muß der Eingang von der Statt aus, in das neue Thor, nicht gross seyn, weil die ganze Mauer an der Schwemme, daran die Pferde gemahlt sind, stehen geblieben. Ich hab mir eine ganz andere Vorstellung davon gemacht: ich habe nämlich mir eingebildet, man habe die ganze Mauer weg genommen; das Thor so einzurichten gesucht, daß man beym Eintritte in die Statt schnur gerad die Schwemme im Gesicht hat, und so dan rechts und lincks um die Schwemme herum sich wenden mag. So schien es mir mehr frey, offen und zum ausweichen bequemmer, ansehnlicher und prächtiger. Vielleicht ist es aber so besser; ich sage nur, wie meine Vorstellung, die ich mir zum voraus machte, war.

Zur Verkleidung eines ehemaligen Steinbruchs und zur Schaffung eines Platzabschlusses wurde 1695 eine Schauwand errichtet, deren einzelne Felder mit Pferden bemalt wurden: die Hofmarstallschwemme am Siegmundsplatz.

Mitte Juni fand eine Teegesellschaft bei Louis-François de Bourbon, Prince de Conti (1717–1776), »au Salon des Quatre-Glaces au Temple« statt. Wolfgang, am Flügel, begleitete den Sänger Pierre Jélyotte, der auch Gitarre spielte. Der Prinz, Feldherr und Diplomat stand neben dem Sänger.

16. August   1766

Am 9. Juli 1766 um 8 Uhr abends reist die Familie Mozart von Paris ab — ca. am 12. Juli erreicht sie Dijon, am 18. findet ein Konzert à la Salle de l'Hôtel de Ville statt, in dem Nannerl und Wolfgang wieder vierhändig spielen.
Um den 26. Juli kommt die Familie in Lyon an.
Am 13. August wirkt Wolfgang in einem der Konzerte mit, die jeden Mittwoch im Saal an dem Place des Cordeliers, gegenüber der Bonaventura-Kirche, stattgefunden haben.

Monsieur! Lyon 16. Aôut 1766

Erschröcken sie nicht, daß ich ihnen aus Lyon schreibe: Bey dem Empfang dieses wissen wir, mit der Hilfe Gottes, schon lange wie Geneve und die genever=Sackuhren aussehen; denn in 2 oder 3 Tägen gehen wir von hier dahin ab. Wir sind von Paris nach Dijon in Burgund gegangen, wo wir 14 Täge waren.
Es geschache solches wegen dem Prinzen von Condé, der uns dahin engagiert wegen der Versammlung der Staaten von Burgund, welches alles 3 Jahre nur geschiehet. Ich wollte ihnen noch vor unserer Abreise aus Paris schreiben: allein es war unmöglich; wenn es vor einer Reise auf die letzte hingehet, dann giebt es allzeit am meisten zu thun.

Louis-Joseph de Bourbon, Prince de Condé (1736–1818), war ein humanistisch hochgebildeter hoher Offizier.

Am 9.ten Juli gegen 8 Uhr haben wir mit 6 Postpferd Paris verlassen. Ich habe nicht unterlassen ihre und der ihrigen Gesundheit aus einem – – – nein, aus mehr Gläsern Burgunder zu drinken; denn sie wissen, daß ich ein grimmiger Sauffer bin. Ò wie oft wünschte ich denienigen Wein, dem man uns zum überfluße antrug, nach Salzburg in den Keller eines guten Freundes wünschen zu können. Auf das wenigste habe ich nun den Brunnen selbst in Augenschein genommen, woraus man den guten Burgunder Wein schöpfet, und kommt uns ein Lust an einen zu drinken, so kostet es nichts, als einen kleinen Brief, so ist er da! Ich hätte fast lust ein Vässel so 240 Boutellien hält zu bestellen. Und wenn sie Lyoner-waaren wollen; so weis ich nun auch, wo man sich hinwenden muß; ich habe mir diese 3 Wochen Be-

1766   16. August

kanntschaft und Freunde genug gemacht. Meiner Frau, meiner Tochter und dem Meister Wolfgang habe neue Kleider hier machen lassen, und auf mich habe ich auch nicht vergessen: die Seiden waaren sind zwar dermahl etwas theuer; allein man muß doch nicht umsonst in Lyon gewesen seyn.

Leopold läßt sich sein »seidenes Lyoner Kleid« im Mai 1768 von Salzburg nach Wien nachschicken.

In Geneve werden wir wohl 14 Täge wenigst bleiben, dann gehen wir über Lausane und Bern durch die Schweitz hinaus. Ob wir aber rechter Hand über Zürich, oder linckerhand über Basel hinausgehen, weis ich nicht. Von da gehen wir geraden weg über Ulm nach Tischingen zu S:r Durchleucht Fürst Taxis, so, wie wir es mit Mr: Becke, den wir in Paris angetroffen, abgeredet, und der auch da seyn wird. Dann hoffe S:r Durchleucht den Bischoff von Augsburg, oder in Dillingen oder in Augsburg anzutreffen, und nach einem kleinen Compliment, so wir S:r Durchleucht dem Churfürsten in Bayern und Herzog Clemens machen werden, der Frau Hagenauerin zu ihrem Nahmens Tage Glück zu wünschen. Aber alles mit der Hilfe Gottes! – –

Die Reiseroute verlief dann tatsächlich über Zürich.
Notger Ignaz Franz von Beecke, geboren 1733 in Wimpfen am Neckar, gestorben 1803 in Wallerstein, war Pianist, später Hofmusikintendant unter Kraft Ernst Graf Öttingen-Wallerstein. Er befand sich 1766 auf seiner ersten Reise durch Frankreich in Paris, wo er ein französisches Druckprivileg für seine Kompositionen erwarb. Im Winter 1774/75 wird bei dem »gelehrten Wirt Franz Albert« in München ein Wettspiel auf dem Klavier zwischen Mozart und Beecke stattfinden.
Dischingen liegt westlich von Donauwörth, etwa 8 km von Dillingen entfernt.
Alexander Ferdinand Fürst Thurn und Taxis (1704–1773) war von 1739 bis 1773 regierender Fürst.
»Bischoff von Augsburg«: Fürstbischof Joseph I. (Ignaz Philipp) von Augsburg, Landgraf zu Hessen-Darmstadt, Fürst zu Hirschfeld (1699–1768) wurde 1740 zum Bischof von Augsburg gewählt.

16. August 1766

Nun wissen sie; wenn wir beyläufftig eintreffen wollen. Denn was hätte es auch genützet, wenn wir um ein Monat, oder auch 2 eher zu kommen von Paris nach Strassburg geloffen, und unser Geld verzehret hätten, ohne was einzunehmen, und dan wären wir doch zu einer Zeit in Salzburg eingetroffen, wo seine Hochfürst: Gnaden gemeiniglich Salzburg zu verlassen, und einige Reisen zu machen pflegen.
Man hat uns sehr zugesetzt uns zu bereden, ietzt nach den französischen See=Häfen Marseille, Bourdeaux etc. zu reisen; und halten sie es etwa nicht für einen Heldenmüthigen und grossmüthigen Entschluß sich zu überwünden, den Weeg nach Turin, der uns vor der Nase liegt, vorbey zu gehen? hätte uns nicht die natürliche Laage, unsere Umstände, der allgemeine Zuruff aller Menschen, und unser eigenes interesse und Reiß Begierde verführen sollen, gerade der Nase nach, nach Italien zu gehen, und im frühe Jahre nach gesehener Festivitet der Ascensa in Venedig durch das Tyroll nach hause zu kehren? ist nicht ietzt noch die Zeit, wo die Jugend der Kinder alles in Verwunderung setzet? Allein der Entschluss ist nun schon gefasst, ich habe versprochen nach Hause zu gehen, und ich werde auch mein Versprechen halten.

Die »Ascensa« ist die musikalische Hauptsaison in Venedig während der Tage um Christi Himmelfahrt. An diesem Tage fährt der Doge mit dem venezianischen Adel aufs Meer hinaus, um sich durch die Versenkung eines Ringes immer aufs Neue mit dem Meer zu vermählen: »Sposalizio del Mare«.

Ich bitte sie, lassen sie mir einen Gläserkasten machen, so, daß er dort Platz hat, wo sonst der grosse Lehnsessl, neben dem Ofenn stehet. Er darf folglich nicht gar gross seyn. Übrigens wird er etwa wie der ihrige. Ferner bitte an das kleine Commot Kästl gute Schlösser machen zu lassen, denn es ist kein Schloss daran. Wollen sie mir auf gegenwärtiges antworten, so bitte es nur nach geneve zu addressiren, wie folgt: à Mr: Mozart chez Mr. Huber à Geneve.

Jean Huber (1721–1786) war Maler, ein Freund Voltaires und Mitglied des Rats der Zweihundert in Genève. Er wurde vor allem durch seine »Scherenschnitte aus Papier« bekannt. Huber befaßte sich auch mit der Luftschiffahrt.

Meine Frau ersuchet sie nebst ihrer empfehlung sie möchten ein Bettstatt machen lassen, so, wie dasienige ist, welches in Cabinet stehet. allein es darf nur ganz weis bleiben, weil es für mein Mädl gehöret, und wir alsdann erst Vorhäng oder Verkleidung werden darüber machen lassen. Wenn es nur ausgedrocknet gut Holz ist. Oder es mag auch braun angestrichen seyn; Es ist eins. Wir empfehlen uns ihnen, ihrem ganzem Hause, und allen unseren guten Freunden. ich muß schlüssen die Post gehet ab. ich bin immer der alte.

Am 20. August 1766 trifft die Familie Mozart in Genève ein. Sie wohnen wahrscheinlich im Hotel Balance und bleiben vermutlich bis zum 10. September. Zweimal spielen die Kinder im Rathaus.

Genève im 18. Jahrhundert. Gesamtansicht von Linck

München den 10. Nov: 1766

Monsieur!

So viel es mir erinnerlich ist, war mein letztes aus Lyon; welches wir nach einem 4 wochentlichen Aufenthalt verliessen und nach geneve giengen. Da fanden wir noch den innerlichen Bürger Krieg in voller Flamme, welches uns doch nicht hinderte 3 Wochen alda auszuhalten, und nach Betrachtung einiger Merckwüdig-

10. November 1766

keiten, und nach gemachter Bekanntschaft mit Personen die wegen ihrer Geschicklichkeit und besonderen Talenten berühmt sind, haben wir nach Bern unsere Reise fortgesetzet. Sie werden vielleicht wissen, daß gleich ausser Geneve der Berühmte Mr: Voltaire sein Schloss hat, wo er wohnet, welches Fernay heist.

In Genève herrschten innenpolitische Zwistigkeiten zwischen Patriziern und Bürgerschaft, zu deren Beilegung eine Schlichtungskommission eingesetzt wurde.

Voltaire, eigentlich François-Marie Arouet (1694–1778), französischer Philosoph, Historiker und Dichter, war seit 1760 in dem Dorf Ferney bei Genève ansässig.

François-Marie Arouet de Voltaire. Stich von J. de Roy

Am 11. September kommt die Familie Mozart nach Lausanne, wo sie bis ca. 16. September bleibt.

Für den Prinzen Ludwig Eugen von Württemberg (1731–1795) komponiert Wolfgang in dessen Gegenwart verschiedene Soli für Flöte (KV 33 a, verloren).

Die Familie reist nach Bern, wo sie sich 8 Tage aufhält.

Über Baden im Aargau erreichen sie vermutlich am 28. September abends Zürich – sie bleiben bis ca. 12. Oktober.

Im Musiksaal an der Limmat geben Nannerl und Wolfgang am 7. und am 8. Oktober ein Konzert.

1766 November

In Zürich komponierte Wolfgang ein Klavierstück.

(Autograph aus der Zentralbibliothek Zürich)

10. November   1766

Von Zürich reist die Familie über Winterthur und Schaffhausen nach Donaueschingen, wo sie von 20. bis 31. Oktober bleibt.

S:ᵉ Durchleucht der Fürst empfiengen uns ausserordentlich gnädig; wir hatten nicht nöthig uns zu melden. Man erwartete uns schon mit Begierde, herr Meisner ist zeuge davon, und Herr Rath und Music Director Martelli kam gleich uns zu complimentiren, und einzuladen. Kurz, wir waren 12 Täge da. 9 Täge war Music von 5 Uhr Abends bis 9 Uhr; wir machten allzeit etwas besonders. Wäre die Jahrszeit nicht so weit vorgerücket, so würden wir noch nicht loos gekommen seyn. Der Fürst gab mir 24 louis d'or, und iedem meiner Kinder einem diamantenen Ring; die Zächer flossen ihm aus den Augen, da wir uns beurlaubten, und kurz wir weinten alle beym Abschiede; er bath mich ihm oft zu schreiben, und so höchst vergnügt unser Aufenthalt war, so sehr traurig war unser Abschied.

Seit 1762 regierte in Donaueschingen Joseph Wenzel Fürst von Fürstenberg (1728–1783). Wolfgang komponierte für ihn »Verschiedene Solo für Violoncello«, die leider verloren sind.

Joseph Nikolaus Meißner war seit 1747 Hofsänger in Salzburg, »ein Bassist und ein so kunstreicher Sänger, das seines gleichen in Europa wenig oder gar keinen sein wird«. Er befand sich gerade auf einer Kunstreise in die Schweiz.

Franz Anton Martelli (gest. nach 1800) leitete von 1762 bis 1770 die Hofkapelle des Fürsten.

Wahrscheinlich wurde das »Gallimathias musicum« aufgeführt, das Wolfgang im März 1766 in Haag komponiert hatte, denn eine Abschrift liegt im fürstlichen Archiv.

»Zächer«: Zähren, Tränen (mittelhochdeutsch zaher)

dann sind wir über hals und Kopf fort über Mösskirchen nach Ulm, günzburg, und Dillingen, wo wir nur 2 Täg blieben, vom Fürsten 2 Ring abhollten, und nach einem Tag aufenthalt in Augsburg nach München kammen.

»Mösskirchen«: Meßkirch

In Dillingen spielten die Kinder bei Joseph, Landgraf von Hessen-Darmstadt und Fürstbischof von Augsburg.

1766 10. November

Einer der 2 Ringe, die sie bekamen, der »Ring mit Edelstein und Aufsatz in Form einer Blumenvase«, kam zunächst in Nannerls Besitz, dann in den ihres Sohnes Leopold, der ihn der Braut seines Stiefbruders Karl Franz Xaver Joseph zum Hochzeitsgeschenk machte. Er ist nun im Besitz des Mozarteums in Salzburg.

Nicht erwähnt hat Leopold das Wettspiel Wolfgangs am 6. November mit dem zwölfjährigen Joseph Sigmund Eugen Bachmann auf der Orgel der Fuggerschen Wallfahrtskirche in Markt Biberach. »Der Ausgang war für Beyde sehr rühmlich«, berichtet Nissen in seiner Biographie Mozarts.
Bachmann wurde am 18. Juli 1754 in Kettershausen (Kreis Illertissen) geboren und trat 1771 in das Prämonstratenserkloster Obermarchtal ein, wurde 1778 zum Priester geweiht und bekam den Ordensnamen Sixtus. Er komponierte vor allem Werke für Klavier, aber auch Streichquartette, eine geistliche Kantate, eine große Sinfonie und mehrere Messen und verfaßte musikalische Aufsätze. P. Sixtus Bachmann starb am 18. Oktober 1825 als Pfarrer in Reutlingendorf (Kreis Ehingen).

In Augsburg, wo die Familie Mozart am 6. November ankam, logierten sie wieder im Gasthof »Zu den drei Mohren«.
Leopold hat bei diesem Besuch seine Mutter zum letzten Mal gesehen: Sie starb 5 Wochen später, am 11. Dezember 1766.

10. November 1766

München. Stich von Franz Xaver Jungwierth nach Bernardo Bellotto, genannt Canaletto, 1761

Ha! Ha! werden sie sagen. Nun sind sie doch einmahl zu München. ja das ist schon gut! ich hab versprochen, daß ich eher nicht kommen werde bis ich nicht bey dem Neuen Thor einfahren kann; nun aber höre, daß man bey dem Siegmund=thore noch niemand hineinfahren lässt: daß wäre mir nicht lieb. ich erwarte ihre Antwort, wir wohnen beym Störzer und sehe vor, daß wir nicht so gleich von hier abkommen. Vorgestern Abends sind wir angelangt; Gestern, Sontags, haben wir S:^{r} Churfürstlichen Durchleucht bey der Tafel besucht; wir wurden gnädigst empfangen. Der Wolfgangl muste gleich neben dem Churfürsten ein Stück auf der Tafel componiren, davon ihm S:^{r} Durchleucht den Anfang oder idea von ein paar Tacte vorsang, er muste es auch bey Höchstdenselben nach der Tafel im Cabinet Spielen. Wie erstaunt iederman war dieses zu sehen und zu hören, ist leicht zu erachten.

Johann Heinrich Stürzer (1699–1768) war seit 1728 Wirt des Gasthofes »Zum goldenen Hirschen«.

Die Familie Mozart wurde von Kurfürst Maximilian III. Joseph empfangen.

»das Stück«: vielleicht das verlorene »Stabat mater«, KV 33 c

Bey der Nacht aber verspierte ich, daß er nicht gar wohl war. Er hatte auch eine unruhige Nacht. Ich muste ihn also heute beym bethe, und vielleicht noch einige Täge zu Hauße halten. Es wird aber, wie hofe, nach allem ansehen bald vorüber seyn. Es ist kein Wunder bey diesem Wetter, und da wir nun wieder uns an die Ofen Hitze gewöhnen müssen; daß ein so zarter Cörper etwas leiden muß: nur das es uns etwa länger aufhält. Unsere Empfehlung an die Frau Gemahlin, an dero ganze Familie, an unsre gute Freunde, und ich bin der alte.

Wolfgang litt wieder an Gelenkrheumatismus, wie im Jahre 1763.

Etwas für Sie allein! in dem brief von 10 N^{ber} 1766 eingeschlossen

Wir bitten Sie, oder vielmehr dero fr: gemahlin für eine gute Dienstmagd zu sorgen. über das ist nun auch die zeit, wo man das Holz in den Ofen schieben muß. beydes ist unentbehrlich, oder ein Malum necessarium. Ich bitte Sie demnach dafür zu sorgen: und vielleicht haben Sie es schon gethan? – was dem Platz für einen Bedienten betrifft; so finde ich nothwendiger auf einen Platz für uns zu denken. und ich habe den Entschluß gefasst, den kurzen Weeg unserer Reise |: zwar nicht ohne Beschwernisse :| ohne bedienten fortzusetzen, da ich unseren Bedienten vor weniger zeit looß geworden. Unsere eigene nothwendige Einrichtung der Wohnung liegt mir am Herzen; welches Sie zum theile selbst einsehen und bey unserer |: gott gebe :| glücklichen ankunft mit augen sehen werden.

»Malum necessarium«: ein notwendiges Übel

Gott |: der für mich bösen Menschen allzugütige Gott :| hat meinen Kindern solche Talente gegeben, die, ohne an die Schuldigkeit eines Vatters zu gedenken, mich reitzen würde, alles der guten Erziehung derselben aufzuopfern. jeder augenblick, den ich verliehre, ist auf ewig verlohren. und wenn ich jemahls gewust habe, wie kostbar die Zeit für die Jugend ist, so weis ich es itzt. Sie wissen daß meine Kinder zur arbeit gewohnt sind: sollten sie aus Entschuldigung daß eines das andre verhindert sich an müssige Stunden gewöhnen, so würde mein ganzes gebäude

15. November 1766

über den Haufen fallen; die gewohnheit ist eine eyserne Pfoad. und sie wissen auch selbst wie viel meine Kinder, sonderlich der Wolfgangerl zu lernen hat. — —

»Pfoad«: Hemd

allein, wer weis was man mit uns bey unserer Zurückkunft in Salzburg vor hat? Vielleicht begegnet man uns so, daß wir ganz gerne unsern Wanderbingl über dem Rücken nehmen und davon ziehen. Wenigst bring ich dem Vatterland |: wen gott will :| die Kinder wieder: will man sie nicht; So habe ich keine Schuld: doch wird man sie nicht umsonst haben. – genug, ich verlasse mich durchaus auf dero vernünftige Einsicht und wahre Freundschafft: das mündliche unterreden wird uns mehr vergnügen verschaffen. Leben sie wohl.
Nb: Wenn die fr: gemahlin eine gute Magd findet so komt es des lohnes wegen auf einige gulden nicht an. sie hat vollkommene gewalt.

München den 15ten November 1766

Wenn es nach meiner Meynung gegangen wäre, so würde mein letztes Schreiben folgenden anfang gehabt haben: Hier sehen Sie einen Brief aus R-r-Re: aber nicht Rehbock |: wie der bauverwalter Jackerl :| sondern Regenspurg — — — den ich würde Itzt in Regenspurg seyn, um dem inständigen Verlangen des Prinz louis von Wirtemberg, wie auch des Fürsten von Fürstenberg und S:r Dur: des Fürst Taxis ein genügen zu thun. von hier ist es ein Katzen=sprung und würde so dan über Landshut und altenötting nach Hause gekommen seyn. dieß ist aber eigentlich der weeg, den wir nach Hause nehmen werden. und wir werden zweifelsohne Sr: Hochfürst: gnaden etwan noch in laufen antreffen. ob wir aber auch noch über Regenspurg gehen werden, zweifle sehr, indem ich erst die völlige genesung unsers Wolfgangerl abwarten müssen. und dann erst nicht wissen wie bald wir von hier loß kommen.

Alexander Ferdinand Fürst Thurn und Taxis (1704–1773) war regierender Fürst.

entzwischen wird das Wetter immer schlechter, unsre liebe Frau Hagenauerin wird sich erinnern, daß der Wolfgangerl nach unsrer zurückkunft von Wienn krank geworden, und sehr übl war, so, das man die Blattern förchten muste: und daß es sich am Ende durch die Füsse hinaus zog, an dem er schmerzen klagte etc.

Die Rückkunft von der ersten Wiener Reise erfolgte im Jänner 1763.

Nun ist es eben so. Er konnte auf keinen Fuß stehen; keinen Zehen und keine Knie bewegen; kein mensch dürfte ihm auf die Nähe kommen, und er konnte 4 nächte nicht schlafen. das nahm ihn sehr mit, und setzte uns um so mehr in sorgen, weil immer, sonderlich gegen die Nacht Hitze und Fieber da waren. heunt ist es merklich besser: allein es werden wohl noch 8 täge herum gehen, bis er wieder recht hergestellt ist. in gottes Nammen; 100 fl: sind bald weg, ich bin diesen schlechten spas schon gewohnt – – –

Leopold sucht für die Familie eine größere Wohnung:

Was das quatier anbelangt so weis es mein lieber Gott, daß wir alle mit aussersten Verdruß das Haus eines so wahren Freundes verlassen. das quatier im Freysauf Haus scheint mir, wegen dem ihnen schon überschriebenen Ursachen nicht unbequem, und sonderlich wegen der Ruhe und stille gegen dem Wasser hinaus zur arbeit meiner Kinder mehr nützlich, da sie keinen gegenstand haben, der sie bey dem mindesten lermen ans Fenster zieht: obwohl die Judengasse eine trostlose und in Winter sehr böse und schmutzige gasse ist. Es wäre freylich auf einen Platz lustiger. wegen dem Preiß werden wir schon zu rechte komen. wollen Sie nebst unser gehorsamsten Empfehlung mit Md: von Robinig entzwischen sprechen. sollten sie aber eine andere uns etwa mehr anständige Wohnung für uns finden, so werden wir es mündlich ausmachen.

leben Sie wohl.

22. November 1766

*Ansicht von Salzburg, erste Hälfte des 18. Jahrhunderts.
Stich von Johann Ulrich Kraus nach J. H. Perrety*

*Das »Freysauf Haus« lag in der Judengasse, im ältesten Teil Salzburgs am linken Ufer der Salzach, zwischen Domplatz und Kai.
Im Spätherbst 1773 übersiedelte die Familie Mozart ins Tanzmeisterhaus auf dem Hannibal-Platz.*

München den 22. Novb: 1766

Nun bin ich selbst ungedultig. Bis ietzt war der Wolfgangerl unbässlich, nun ist er gestern das erste mahl ausgegangen, und heute hat der Churfürst Musick, wo wir uns einfinden müssen. Die Ungedult, von der ich Meldung mache, rühret von dem recht beschwerlichen Gebrauch her, den man am hiesigen Hofe hat, die Leute hipsch lange aufzuhalten. Ich kann sie versichern, daß ich mich bey S:ᵣ Durchleucht gar nicht hätte sehen lassen, wenn ich es mit Wohlanständigkeit hätte thun können. Allein da seiner durchleucht bey unserer vorigen durchreise uns mit ausdrücklichen worten gemeldet, daß wir ihn bey unserer Rückreise besuchen sollen; da über das meine Kinder in einem grossen theil Europens so viel aufsehen gemacht; wie wollen sie, daß wir S:ᵣ durchleucht hätten vorbeigehen sollen?

Mein Entschluss ist nun allezeit der nämliche; kommenden Montag oder längstens Diensttage hier abzureisen, den ersten Tag bis nach Altenötting, und den zweyten nur bis nach Laufen zu gehen. Sollte ich aber gezwungen seyn noch etwas mehrers zu verweilen, so wird es ja |: wenn Gott will :| über ein paar täge nicht austragen. den kommenden Erchtage den 25.ten werden sie den letzten Brief von mir erhalten, der ihnen das gewisse melden wird, und daraus sie hoffentlich sehen werden, daß wir schon bey dem Empfang desselben auf der Reise sind; wenigst wünsche ich es mit eben so viel Ungedult, als sie selbst.

Sie schreiben mir also für diesmal nicht mehr. – – ich hofe, mit der Hilfe Gottes, daß dieß mein vorletzter und künftiger mein dermal letzter Brief seyn soll. Wer Vernunft hat wird niemahls glauben, daß ich irgendwo pour passer le tems sitzen bleibe, und mit einer ganzen Familie aus spaß mein geld verzehre.

Wir empfehlen uns ihnen und ihren sammentlich angehörigen, meinen und unsern gemeinschaftlichen Freunden, und bin der alte.

»Altenötting«: Altötting

»Erchtag«: Dienstag

»pour passer le tems«: franz., um Zeit zu vertrödeln

Das übrige, was sie mir gemeldtet ist alles wohl gethann: nur bitte sie dahin zu sorgen, daß entzwischen mein Flügl gestimmt, und wenn eine oder andere Seite gesprungen, daß solche in der nämlichen Dicke NB: aufgezogen, und das abgebrochene Theil mir zur Einsicht aufbehalten wird. Ich schmeichle mir, daß herr Adlgasser oder Herr Spitzeder mir die Gefähligkeit erweisen werden, dafür Sorge zu haben. Übrigens soll nichts geändert, und sonderlich von den Tangenten oder von dem Dockerl weder was abgeschnitten, noch zugesetzt, sondern alles in Statu quo gelassen werden.

Der »Flügl« ist ein Cembalo, gebaut wahrscheinlich vom Salzburger Orgel- und Klavierbauer Egedacher.

Leopold bezeichnet den Springer als »Tangente«; das »Dockerl«, die Docke, ist im Springer der bewegliche Teil, in dem der Kiel, damals aus geschnittenen Rabenfedern, befestigt ist. Der Kiel zupft die Saite an.

29. November 1766

Warum ich dem Egedacher allein nicht traue, und bitte, daß H: Adlgasser oder H. Spitzeder dabey bleiben möchte, wenn der flügl in Ordnung gebracht wird, habe grundliche Ursachen, und ich habe eine abscheuliche Niederträchtigkeit von demselben auf der Reise entdeket, darüber sie sich gewis verwundern werden. übrigens kann ich ihnen nicht bergen, daß, je näher ich Salzburg komme, je mehr kommen mir schon kindische Schwäzereyen zu Ohren, mit welchen ich wünschte verschonet zu bleiben. ich war einige Jahre |: gott lob :| von solchen possen ruhig und frey, und will es noch ferners seyn. Sonderlich wird von unsern Empfang an hofe sehr wunderlich gesprochen, denn nach grossen Ehren sind Grobheiten absolute nicht zu verkochen.

Am 29. November 1766 kam die Familie Mozart in Salzburg an. Die Reise dauerte 1269 Tage, also 3 Jahre, 5 Monate und 20 Tage.

»Enfance de Mozart«.
L. C. de Casmontelle

Die nächste Reise – die zweite Reise nach Wien – beginnt am 11. September 1767.

EINE GEKÜRZTE ZUSAMMENFASSUNG DIESER REISE BRINGT
HÜBNERS DIARIUM, SALZBURG, 29. NOVEMBER UND
8. DEZEMBER 1766.
Pater Beda Hübner war Stiftsbibliothekar von St. Peter.

Ich kan nicht umgehen, alda auch anzumerken, das anheut der weltberühmte Herr Leopold Mozart alhiesiger viceKapellmeister mit seiner Frauen, und zweyen Kindern einen Knaben von 10 Jahren, und einem Töchterlein von 13 Jahren zum Trost, und Freyde der ganzen Stadt angekommen seye:
Alle zwey Kinder, der Knab sowohl als das Mägdlein schlagen Beyde das Instrument, oder das Klavier, das Mägdlein zwar künstlicher, und passater als ihr Brüderlein, aber der Knab noch weit ravinirter, und mit ausgesuchteren Gedanken, und mit denen schönsten Einfällen der tonen, also das sich alle auch vortreflichste Organisten sich darob erstaunen, wie es nur menschen mäglich, das ein solcher Knab, welcher schon mit 6 Jahren ein solcher Künstler gewesen, eine solche Kunst zu Verwunderung der ganzen musicalischen Welt besitzen känne; Diese Mozartische Familie ist nunmehr von Salzburg fast vier ganzer Jahre aus, und den meisten Theil Europä ausgereiset; Sie waren fast ein ganzes Jahr in Frankreich, und haben unsägliche Ehren empfangen, und die kostbareste Verehrungen bekommen, von welchen ich anderstwo, nämlich den 8ten December melden werde. Von Frankreich seynd sie in das Engelland, und ihnen alda sehr vieles Geld gemachet: allwo auch alle presenter pur alleinig in paren geld gegeben werden. In Engelland waren sie auch ein ganzes Jahr, und der Herr Mozart sonderlich, welcher ohnehin ein sehr gelehriger Kopf ist, und eine grosse Wissenschaft besitzet, auch eines sehr erhabenen Geistes, und eines aufgeweckten Gemüts ist, hat die Englische Sprach vollkommentlich gelernet, welcher schon vorhero aus der Kunst wällisch und französisch kannte. Von Engelland seynd sie in Holand, und zwar auf Anverlangen der Republique, allwo sie wiederumen sehr viele present bekommen, und viel Geld gesamlet haben. Der Herr Mozart hat auch alda nach einmahl gekonnter Englischer Sprach ganz leicht Holländisch gelehrnet. Von Holland seynd sie in die Schweiz,

hernach in das Augspurgische, Bayrische, und so ferner, bis sie endlichen wiederumen mit größten Verlangen der ganzen Stadt Salzburg, Trost, Freud, und Vergnügen aller Leuten hoch, und niedern Standes, und zu ihrer selbst eigenen Ehr, Ruhm und Lob gesund angekommen seynd;
Nunmehr ist der Knab etwas über 10 Jahr und das Töchterlein etwas über 13 Jahr: Der Knab Wolfgangl ist weiter gar nicht viel auf dieser Reise gewachsen, aber die Nannerl ist zimlich groß, und fast schon heuratmässig geworden. Man sagt sehr stark, diese Mozartische Familie werde wiederumen nicht lang alhier verbleiben, sondern in bälde gar das ganze Scandinavien, und das ganze Russland, und vielleicht gar in das China reisen, welches noch eine weit größere Reise, und höheres Unternehmen wäre: de facto glaube ich gewiß, das niemand in ganz Europa so berühmt ist, als der Herr Mozart mit seinen zweyen Kindern, welcher wahrhaftig nach Gott seinen Kindern wegen seinen Ruhm, und grossen Reichtum zu danken hat. Diese nunmehro gemachte Reise solle ihnen gegen 20 000 f. gekostet haben: will es auch leicht glauben; aber was wird er wohl vor Geld gesamlet haben?

Eben diesem Tage kame ich ungefähr, und wieder mein Verhoffen zu der Mozartischen Familie, allwo ich zu meinen größten, und sonderheitlichen Vergnügen nicht allein den Knaben Wolfgangerl, von deme ich den neinundzwanzigsten vorigen Monaths Meldung gethan, das Instrument, oder Klavier habe schlagen gehöret, sondern ich habe auch zugleich alle présenters und Verehrungen, so sie auf der ganzen Reise bekommen mit Augen gesehen, und mit Händen berühret.
Demnach habe ich auch alle Verehrungen, und presenter, so gemelter Herr Mozart mit seinen Kindern aus seiner sehr kostbar gemachten Reise von denen großen Monarchen, und denen Landesfürsten bekommen: Güldene Sakuhren hat Er 9 mitgebracht: güldene Tabachieren hat Er 12 bekommen: güldene Ring mit denen schönsten edelgesteinen besezet hat Er so viele, das er selbsten nicht weist wie viele: Ohrgehäng vor das frauenzimmer, Halszierde, Messer mit güldenen Klingen, Flaschenkellerl,

Schreibzeig, Zahnstürerbüchsel, güldene Einsatz vor das frauenzimmer, Schreibtäferl und dergleichen galanteriewaahren ohne Zahl, und ohne Aufhören; dann zu deme, das man dieses alles nur raptim *(Hals über Kopf)* oder obiter *(obenhin)* sihet, hat man doch etwelche Stunden zuzubringen mit lauteren Anschauen, und es ist nicht anderst, als wann man einen Kirchenschaz anschauete, nicht zwar wegen der Kostbarkeit, sondern wegen denen seltsamkeiten, so man nicht bald sehen wird in einen einzigen Ort von unterschiedlichen Ländern versamlet, alß wie bey dem Herrn Mozart: das kostbareste aber, und schönste, so ich gesehen, ist die tabachiere vom König von Frankreich, so ihme der König selbsten mit 50 Louis d'or, das ist 500 f: gefüllet eigenhändig mit diesem ausdrücklichen Beysatz gegeben: so Er Mozart diese tabachiere sollte etwa aus Nothwendigkeit verkauffen, so sollte er diese Ihme König wiederumen zu kauffen geben, Er gebe ihme 100 Louis d'or, das ist 1000 f: davor, aber der Herr Mozart hat diese mit sich gebracht: ich glaube übrigens, das die galanterie waaren des Herrn Mozart, so Er mitgebracht, so gut 12000 f: 10 Xr: kosten. Zu deme hatte er sehr viele Sachen von diesen fremden Ländern um einen billigen Preis eingekaufet, und mitgebracht, so Er erst alhier um das teure Geld verkauffen wird, und auf solche Art ihme allhier erst vieles Gelde machen! Dann dieser Herr Mozart ist ein so geschickter, fündiger, aufgeweckter und vernümpftiger Kopf, das ich diesen an viele andere anseze, sie wurden bey weitem dieses alles nicht so weislich ausdenken und durchtreiben können, als wie es Herr Mozart gethan.

*Leopold Mozart, 1762.
Unsignierte Bleistiftzeichnung*

*Augsburg, das Jesuitenkolleg St. Salvator.
Stich von Seuter nach einer Zeichnung von J.C. Weyermann*

Biographien

Johann Georg Leopold Mozart wurde am 14. November 1719 in Augsburg als Sohn eines Buchbindermeisters geboren. Er besuchte das Gymnasium und Lyzeum der Augsburger Jesuiten, wo er als Sänger in Schulkomödien und in den Kirchenchören mitwirkte. 1737 zog er nach Salzburg und inskribierte an der Benediktiner-Universität. 1739 wurde er wegen schlechten Kollegbesuches relegiert und wandte sich ganz der Musik zu. Er wurde Violinist und Kammerdiener beim Grafen Thurn-Valsassina und Taxis, dann Violinist in der Salzburger Hofkapelle. 1757 wurde Leopold Mozart »Hof- und Cammer-Componist«, 1763 Vizekapellmeister.

1747 heiratete er Anna Maria Pertl und gründete einen Hausstand im Haus Getreidegasse 9 – sieben Kinder wurden geboren. Zwei überlebten: Maria Anna (Nannerl) 1751 und Wolfgang Amadeus 1756. In diesem Jahr veröffentlichte Leopold seine Violinschule beim Augsburger Buchdrucker und Verleger Johann Jakob Lotter, 1766 erschien eine niederländische, 1770 eine französische Ausgabe, später auch eine in Frankfurt und Leipzig (4. Auflage 1791).

Leopold Mozart wurde Mitglied der »Leipziger Societät der musikalischen Wissenschaften«. Ab 1760 schränkte er seine Kompositionstätigkeit ein, widmete sich bevorzugt der Erziehung seiner Kinder und begab sich auf Reisen, um vor allem Wolfgang als Klavier spielendes Wunderkind und dann als Komponist vorzustellen. Nach der Übersiedlung Wolfgangs nach Wien (1781) entfaltete Leopold eine rege pädagogische Tätigkeit und nahm seine offiziellen Pflichten wahr. 1785 besuchte er Wolfgang in Wien, wo er Zeuge der höchsten Meisterschaft seines Sohnes wurde, besiegelt durch die Worte, die Joseph Haydn zu ihm sprach: »ich sage ihnen vor gott, als ein ehrlicher Mann, ihr Sohn ist der größte Componist, den ich von Person und dem nahmen nach kenne: er hat geschmack, und über das die größte Compositionswissenschaft.« (Zitat aus Leopolds Brief an Nannerl vom 16. Februar 1785).

Leopold trat der Wiener Freimaurerloge »Zur Wohltätigkeit« bei, wo er innerhalb kurzer Zeit vom »Gesellen« zum »Meister« erhoben wurde. Wenige Tage nach seinem letzten Besuch bei Münchner Freunden starb er nach kurzer Krankheit am 28. Mai 1787 in Salzburg und wurde am Sebastians Friedhof beigesetzt.

Die öffentliche Versteigerung seines Nachlasses fand am 25. September statt.

Anna Maria Mozart, nach einem posthumen Porträt

MARIA ANNA WALBURGA PERTL, verh. Mozart, wurde am 25. Dezember in St. Gilgen geboren. Ihre Mutter war Eva Rosina Barbara, Tochter des Wieners Dominik Altmann, geboren am 18. Dezember in Stein a. d. Donau; sie heiratete am 22. November 1712 in St. Gilgen den Verwalter Nikolaus Wolfgang Pertl. Maria Anna Mozart starb am 3. Juli 1778 nach kurzer Krankheit in Paris, rue du Gros Chenêt, im »Hotel des 4 fils Haiman«.
Sie wurde in der Kathedrale von St. Eustache eingesegnet und in einem der drei Friedhöfe beigesetzt.

Geburtshaus der Anna Maria Pertl, verh. Mozart zu St. Gilgen

Marianne Freifrau von Berchtold zu Sonnenburg, geb. Mozart.
Unsigniertes Ölbild

MARIA ANNA WALBURGA IGNATIA (Nannerl), geboren am 30./31. Juli 1751, erhielt 1758 den ersten Klavierunterricht von ihrem Vater, 1759 legte er für sie ein Notenbuch an. Sie machte die erste Reise nach Wien 1762 und die Reise nach Paris und London 1763 mit. Am 18. August 1763 hörte Johann Wolfgang von Goethe sie (zusammen mit Wolfgang) in einer Akademie in Frankfurt. Ihre Tagebuchblätter mit den Reisenotizen von 1775 bis 1783 sind ein wichtiges kulturgeschichtliches Dokument. Sie erteilte in Salzburg Klavierunterricht und heiratete am 23. August 1784 in St. Gilgen Johann Baptist Franz von Berchtold zu Sonnenburg; er ist zweimal verwitwet und bringt fünf Kinder in die Ehe mit. Am 25. Juli 1785 kommt im Tanzmeisterhaus in Salzburg, Mozarts Wohnhaus, Nannerls Sohn auf die Welt und wird auf den Namen Leopold Alois Pantaleon getauft. Er lebte bis zum Tode Leopold Mozarts (28. Mai 1787) im Hause seines Großvaters. Nannerls Sohn starb am 15. Juni 1840 als königlich, bayerischer Cameral-Gefälls-Verwaltungs-Oeconomats-Controllor in Innsbruck. Nannerl gebar noch 3 Kinder, die aber nach kurzer Zeit starben. 1821 besuchte Wolfgangs Sohn Franz Xaver Wolfgang seine Tante in Salzburg.
1827 erblindet Nannerl, 1829 besuchten sie Vincent und Mary Novello; sie stirbt am 29. Oktober 1829 in Salzburg und wird in einer Kommunengruft auf dem Friedhof von St. Peter begraben.

*Das Hagenauer-Haus in der Getreidegasse 9, Salzburg.
Nach einer Lithographie von C. Czichna*

JOANNES CHRYSOSTOMUS WOLFGANGUS THEOPHILUS MOZART, geboren am 27. Jänner 1756 in Salzburg im Hause Nr. 9 der Getreidegasse; in Italien nennt er sich von 1770 an Wolfgango Amadeo, von etwa 1777 an Wolfgang Amadé. Er wurde frühzeitig von seinem Vater Leopold in Musik und in anderen Fächern unterrichtet. Nach den Reisen nach Wien, Paris und London wurde er 1769 zum unbesoldeten 3. Konzertmeister der Salzburger Hofkapelle ernannt, ab 1772 erhielt er 150 fl. jährlich. Nach den Italienischen, Münchner und Wiener Reisen trat er seine Stelle als Konzertmeister wieder an und wurde Hoforganist. 1781 kam es zum Zerwürfnis mit dem Salzburger Erzbischof Hieronymus Colloredo – Mozart blieb in Wien als freischaffender Künstler.

Er erteilte Unterricht und veranstaltete Akademien mit eigenen Werken. Im Auftrag Kaiser Josephs II. wurde 1782 »Die Entführung aus dem Serail« aufgeführt. Am 4. August 1782 heiratete Wolfgang Constanze Weber im Dom zu St. Stephan in Wien.

Am 14. Dezember 1784 wurde Mozart in die Freimaurerloge »Zur Wohltätigkeit« aufgenommen, am 7. Dezember 1787 von Joseph II. zum K.K. Kammer-Kompositeur mit einem Gehalt von 800 fl. jährlich ernannt. Am 9. Mai 1791 dekretiert der Wiener Magistrat die Adjungierung Mozarts an den Domkapellmeister Johann Leopold Hofmann.

Mozart starb am 5. Dezember 1791 im »Kleinen Kaiserhaus«, Stadt 970, heute Rauhensteingasse 8; er wurde bei der Kruzifix-Kapelle neben dem Adlerturm (Wr. Stephansdom) eingesegnet und auf dem St. Marxer Friedhof begraben. Sein Grab wurde erst 1855 annähernd lokalisiert.

*Johann Lorenz Hagenauer und Maria Theresia, geb. Schuster.
Ölkopien von Jaerschek (1873) nach den auf Blech gemalten Originalen
auf dem Salzburger St. Peters-Friedhof*

JOHANN LORENZ HAGENAUER, geboren am 10. August 1712 in Salzburg, gestorben am 9. Dezember 1792 abends.
Handelsherr und Spezereiwarenhändler, Eigentümer der Häuser 7–9 in der Getreidegasse und eines Hauses im Nonntal.
Am 10. November 1738 heiratete Hagenauer Maria Theresia Schuster (gest. am 2. Februar 1800). Im Hagenauer-Haus Getreidegasse 9 mietete Leopold Mozart mit seiner Frau Maria Anna nach der Eheschließung eine Wohnung im 3. Stock. Die Familien Mozart und Hagenauer nahmen gegenseitig an allen Familienereignissen teil, auch nachdem die Mozarts 1773 in die Wohnung am Hannibal-Platz übersiedelten. Hagenauer stand Leopold Mozart in wirtschaftlichen und finanziellen Angelegenheiten bei und unterstützte ihn mehrmals mit Darlehen.

Benutzte Literatur für die Kommentare

Reales Staats=Zeitungs- und Conversations-Lexicon, Regensburg und Wien 1769 (Städtebeschreibungen)

»CORNU COPIAE LINGVAE LATINAE ABVNDANTISSIMVM«, 1775

Nouveau Dictionaire, Paris 1800

Fremdwörterbuch, Berlin 1875

Mozart: Briefe und Aufzeichnungen, Bärenreiter Verlag 1971

Otto Erich Deutsch: Mozart, Die Dokumente seines Lebens, Bärenreiter Verlag 1961

Die Musik in Geschichte und Gegenwart, Deutscher Taschenbuchverlag, Bärenreiter Verlag 1989

Mitteilungen der Internationalen Stiftung Mozarteum, Salzburg

Erich Schenk: Wolfgang Amadeus Mozart, Amalthea Verlag 1955

Hermann Abert: W. A. Mozart, Verlag Breitkopf & Härtel 1923

Ludwig Nohl: Mozarts Leben, Verlag »Harmonie« 1906

Georg Nikolaus von Nissen: Biographie W. A. Mozart's, Leipzig 1828

Lexikon: Maße, Währungen und Gewichte von A–Z, Orbis Verlag 1990

Diverse einschlägige Literatur über Mozart

WERKVERZEICHNIS

Wolfgang Amadeus Mozart komponierte auf dieser Reise folgende Werke:

Sonate C-dur für Klavier und Violine; 1762/63/64 in Salzburg, Brüssel und Paris; KV 6

Sonate D-dur für Klavier und Violine; 1763/64 in Paris; KV 7

Sonate B-dur für Klavier und Violine; 1763/64 in Paris; KV 8

Sonate G-dur für Klavier und Violine; 1764 in Paris; KV 9

6 Sonaten – B-dur, G-dur, E-dur, F-dur, C-dur, B-dur – für Klavier, Violine (oder Flöte) und Violoncello; 1764 in London; KV 10–15

»Das Londoner Notenbuch«; 38 Stücke für Klavier; 1764/65 in London; KV 15^a–15^{rr}

Sinfonia Es-dur; 1765 in London; KV 16

Sinfonia D-dur; 1765 in London; KV 19

Arie für Tenor »Va, dal fuor portata«; 1765 in London; KV 21 (19^c)

Sonate für Klavier zu vier Händen C-dur; 1765 in London; KV 19^d

Motette »God is our Refuge«; 1765 in London; KV 20

Drei Klavier-Konzerte nach Sonaten von Johann Christian Bach; 1765 in London oder in Den Haag; KV 107 (21^6)

Sinfonie B-dur; 1765 in Den Haag; KV 22

Arie »Conservati fedele«; 1765/66 in Den Haag

8 Variationen über ein holländisches Lied von Christian Ernst Graaf; 1766 in Den Haag; KV 24 (Anh. 208)

7 Variationen über »Willem van Nassau«; 1766 in Amsterdam; KV 25

6 Sonaten – Es-dur, G-dur, C-dur, D-dur, F-dur, B-dur – für Klavier und Violine; 1765/66 in Den Haag ; KV 26–31

Quodlibet »Galimathias musicum«; 1766 in Den Haag; KV 32 (Anh. 100^a)

Klavierstück F-dur; 1766 in Zürich; ohne KV

PAUL ANGERER

Geboren am 16. Mai 1927 in Wien. Nach dem Studium an der Wiener Musikhochschule und dem Konservatorium (Violine, Klavier und Komposition) war er Geiger und Bratschist in verschiedenen Österreichischen und Schweizer Orchestern, 1952–1957 Solobratschist der Wiener Symphoniker. 1956–1963 war er Chefdirigent des Kammerorchesters der Wiener Konzerthausgesellschaft, 1964–1966 1. Kapellmeister in Bonn, 1966–1972 Opernchef in Ulm und Salzburg, 1971–1982 Leiter des Südwestdeutschen Kammerorchesters und 1960–1990 Gast beim »Orchestra sinfonica di Bolzano e Trento«. Von 1982 bis 1992 war er Professor an der Hochschule für Musik und darstellende Kunst in Wien. Seit 1947 komponierte Paul Angerer Bühnen- und Orchesterwerke, Oratorien, ein Musical, eine TV-Oper, Kammermusik für verschiedene Besetzungen, Theatermusik für die Salzburger und Bregenzer Festspiele, für das Wiener Burgtheater und zahlreiche österreichische und deutsche Bühnen und für das Fernsehen.

Paul Angerer erhielt Preise in Genève, Haarlem und Salzburg, den Österreichischen Staatspreis, den Theodor Körner-Preis und die Kulturpreise der Stadt Wien und des Landes Niederösterreich, den Preis des Landes Niederösterreich für Mozartforschung, den Johann-Nestroy-Ring der Stadt Wien und das Österreichische Ehrenkreuz für Wissenschaft und Kunst I. Klasse.

Paul Angerer,
Zeichnung von Veit Relin, 1964

Seine musikalische Vielseitigkeit spiegelt sich in seinen Schallplatten- und CD-Produktionen: als Instrumentalist (Violine, Viola, Viola d'amore, Blockflöte und Cembalo) und als Dirigent mit verschiedenen Orchestern.

17 Jahre lang moderierte Paul Angerer im ORF, seit November 2001 gestaltet er seine eigene Sendung »Capriccio« auf Radio Stephansdom.

Er lebt in Wien und in seinem Freihof in Unternalb bei Retz (Niederösterreich), komponiert, instrumentiert und musiziert mit seinem Ensemble Concilium musicum Wien.

*publication PN°*1
Bibliothek der Provinz

Verlag für Literatur, Kunst und Musikalien